教育部人文社会科学研究项目（项目批准号：09XJA79003）资助出版

西部地区农民工贫困问题研究

叶普万 郭旭 ◎ 著

NONGMINGONGPINKUNWENTIYANJIU

XIBUDIQU

中国社会科学出版社

图书在版编目(CIP)数据

西部地区农民工贫困问题研究/叶普万,郭旭著. —北京:中国社会科学出版社,2015.4
ISBN 978 - 7 - 5161 - 5723 - 7

Ⅰ.①西… Ⅱ.①叶…②郭… Ⅲ.①民工—贫困—研究—西南地区 ②民工—贫困—研究—西北地区 Ⅳ.①D669.2

中国版本图书馆 CIP 数据核字(2015)第 053116 号

出 版 人	赵剑英
责任编辑	郭晓鸿
特约编辑	王 彬
责任校对	季 静
责任印制	戴 宽

出 版		中国社会科学出版社
社 址		北京鼓楼西大街甲 158 号(邮编 100720)
网 址		http://www.csspw.cn
		中文域名:中国社科网 010 - 64070619
发 行 部		010 - 84083685
门 市 部		010 - 84029450
经 销		新华书店及其他书店
印 刷		北京君升印刷有限公司
装 订		廊坊市广阳区广增装订厂
版 次		2015 年 4 月第 1 版
印 次		2015 年 4 月第 1 次印刷
开 本		710×1000 1/16
印 张		9.75
插 页		2
字 数		203 千字
定 价		39.00 元

凡购买中国社会科学出版社图书,如有质量问题请与本社联系调换
电话:010 - 84083683
版权所有 侵权必究

目 录

第一章 绪论 ……………………………………………………（1）
  第一节 选题的背景和意义 …………………………………（1）
  第二节 农民工贫困问题研究综述 …………………………（3）
  第三节 农民工贫困线研究综述 ……………………………（8）
  第四节 研究对象、内容、基本框架及方法 ………………（11）

第二章 农民工贫困的基本理论 ……………………………（14）
  第一节 贫困的经济学理论 …………………………………（14）
  第二节 贫困的社会学理论 …………………………………（22）

第三章 农民工流动的原因及贫困状况 ……………………（35）
  第一节 流动人口概念的界定 ………………………………（35）
  第二节 流动人口发生的背景与原因 ………………………（36）
  第三节 农民工的边缘特征及贫困状况 ……………………（45）
  第四节 农民工贫困的原因 …………………………………（56）

第四章 西部地区农民工的特点及流动原因 ………………（61）
  第一节 西部地区农民工的主要特点 ………………………（61）
  第二节 西部地区农民工流动的原因分析 …………………（64）

第五章 西部地区农民工的贫困现状及基本特征 …………（69）
  第一节 需要进一步厘清的几个贫困概念 …………………（69）
  第二节 西部地区农民工的生存现状 ………………………（82）
  第三节 西部地区农民工的贫困现状及基本特征 …………（90）

第六章 西部地区农民工贫困的原因分析 (104)
 第一节 西部地区农民工贫困的外部原因 (104)
 第二节 西部地区农民工贫困的内部原因 (111)

第七章 西部地区农民工减贫的思路 (115)
 第一节 以市场为导向，全面实施农村劳动力资源提升战略 (115)
 第二节 积极调整和完善社会政策，切实消除人文贫困 (118)
 第三节 努力缩小城乡差异，推动城乡一体化 (120)
 第四节 充分发挥城市社区的作用，促进农民工与城市社会的融合 (123)
 第五节 营造和谐的人文环境，根除对农民工的观念歧视 (124)
 第六节 合理确定农民工贫困线，为农民工减贫提供理论依据 (125)

第八章 结语 (131)
 第一节 结论 (131)
 第二节 需进一步研究的问题 (132)

参考文献 (134)

附录 (141)

后记 (149)

第一章 绪论

第一节 选题的背景和意义

一 选题的背景

改革开放以来,随着我国工业化和城镇化进程的加快,越来越多的农村劳动力转移到城市,出现了具有中国特色的特殊群体——农民工。特别是进入20世纪90年代中期以来,西部地区由于受自然资源锐减、生态环境恶化等因素的影响,农业生产效益低下,农民增收缓慢,城乡差距日益扩大,在"推—拉"两重力量的共同作用下,大量的西部地区农村劳动力涌入相对收益比较高的城市。据国家统计局调查显示,截止到2012年,全国农民工总量为26261万人。其中,东部地区务工的农民工占农民工总量的64.7%,西部地区务工的农民工占农民工总量的17.1%,但增长速度高于中东部地区。

这一趋势也意味着西部地区农村剩余劳动力将大量转移到城市。西部地区大量农民工的转移会产生两方面的效应:一是增加了西部农村地区的劳务收入,促进了当地农村经济发展水平的提高和农民生活水平的改善。同时农民工受到城市文明的洗礼,他们把现代文明带回农村,有利于提高整个农村的精神面貌。二是为城市经济的发展做出了巨大贡献。据专家估计,农民工每年给城市创造一两万亿元人民币的GDP增量。[①]但他们并没有因此被有机整合到城市社会发展中去。由于受到户籍制度、城市管理政策等各种因素的影响,农民工在城市打工遭遇许多问题。主

---

① 国务院研究室课题组:《中国农民工调研报告》,中国言实出版社2006年版,第62页。

要表现为：工资水平低、工资被拖欠现象严重；工作和生活条件差；缺乏社会保障；子女受教育困难；经常被歧视等。目前，农民工问题已经引起了社会各界的普遍关注。国家高度重视农民工问题，已经制定了一系列维护农民工权益的政策，各地区各部门也采取了一些措施，取得了积极成效。但是传统的户籍制度、劳动就业等制度在制度变迁中的惯性依然阻碍着农民工在城市中各种权益的获得，再加上农民工自身素质和能力的缺失，使他们在城市中逐步被边缘化，从而成为城市贫困的主体。农民工贫困群体的出现，一方面提高了城市的贫困发生率。另一方面，在一些城市，农民工聚集地形成新的城市贫民区。特别是在西部地区，随着城乡人口的大规模流动，开始出现农村贫困向城市转移的趋势。而问题的严重性远不止于此，由于我国目前对城市贫困人口的统计是以户籍为标准的，农民工贫困群体并没有被纳入城镇贫困当中。另外从整体来看，农民工的收入明显高于在家务农人员的收入，因此他们又不能被列入农村扶贫的范围之内。如此一来，农民工就成为中国减贫政策所遗忘的群体。但实际上，农民工在城市打工的收入虽然高于在家务农的收入，但是他们的工作性质、居住环境、生活消费都是在城市当中，而且又没有社会保障，所以很容易陷入贫困。因此，应当将农民工贫困群体纳入城市贫困的研究范围。

二　选题的意义

第一，填补了对西部地区农民工贫困研究的理论空白。作为城市中的一个庞大群体，农民工近年来广受媒体和学界关注，他们面临的种种困难，实际上是他们作为一个社会群体陷入贫困的表现。纵观国际社会贫困研究的视角，我们不难发现，以往贫困的研究主要立足于"普遍性"，即研究贫困人口的总体生活表现、原因，以及与之对应的贫困测量手段和反贫困对策，对特殊群体特别是流动人口的贫困问题关注甚少。纵观国内，到目前为止，对农民工的政策管理、权利保护与援助服务已成为政府与学术界高度重视的领域，而将农民工与"贫困"挂钩进行专门研究的却屈指可数，农民工贫困问题的研究近乎空白。即使极少数学者谈到农民工贫困，也是以东部城市为参照。原因有两个方面：一是因为东部经济发达地区是农民工的主要集中地，从绝对数量上看是农民工贫困的主要发生地。二是因为西部地区一直是欠发达地区，农村贫困问题一直是国家和政府关注的焦点,加快西部地区劳动力输出也是作为农村扶贫的重要手段来抓。上述两个方面的原因,造成了理论界对西部地区城市农民工贫困问题研究的忽视。

第二,为西部地区农民工减贫提供了一定的政策依据。根据我国东西部产业演变趋势以及经济发展现状,农民工在保持向东部沿海流动主流不变的同时,向西部地区转移将是一个明显的趋势。这意味着,西部地区农村贫困逐步向城市转移,从而使西部地区农民工贫困在未来城市贫困群体分布中所占比重急剧上升。

西部地区深处内陆,区域发展较为落后,城乡社会经济文化发展极不平衡,劳动力自身的人力资本存量低,城市贫困与尚未解决的农村贫困交织在一起,使流动到城市的农民工在贫困的状况、程度和发生机理上呈现出自己的特点。因此,研究西部地区城市农民工贫困具有重要的现实意义。一方面将农民工贫困纳入城市减贫工作的重点,有利于西部地区(尤其是我国少数民族地区)的社会稳定,对构建西部和谐社会具有重要意义。另一方面,城市农民工贫困实际上是农村贫困的转化,农民工贫困的解决与否关系到西部地区"三农"问题的解决。

第二节 农民工贫困问题研究综述

一 国外关于"农民工"贫困问题的研究

农民工是中国在一个特殊历史时期形成的一个特殊群体,在国外并没有严格意义上的中国式的农民工这一群体,但其对流动人口以及贫民窟问题的研究,对研究中国农民工的贫困具有重要的启发意义。

西方社会与中国一样,都在某一历史阶段出现了大量的农村劳动力迁移到城市中去的现象。但是,西方社会这一现象出现得较早,在工业革命之后就出现了。工业革命以后,农村人口包括海外移民纷纷涌入主要工业城市,人口流动打破了城市原有的平衡和秩序,滋生了一系列社会问题:城市住房拥挤、卫生恶劣、工资水平低、工作环境差、城市失业率和犯罪率上升,贫困问题异常尖锐。在流动人口聚居的地方,形成了一批批的"贫民窟",英国的伦敦、美国的纽约、法国的巴黎等都出现过类似的"贫民窟"。移民的贫困状况首先引起了一些社会学家和政治学家的关注，他们著书立说或者直接发起社会运动以企图改变贫民的状况。

美国著名的社会哲学家刘易斯·芒福德在其《城市发展史——起源演变和前景》中对流动人口的居住情况进行了描述，"不论在老的或新的工人区里，那种又臭又脏的情况实在难以形容，还不及中世纪农奴住的茅屋……在伯明翰和布拉德福德这些城市里，几千所工人住房都是背靠背地盖起来的……厕所一般在地窖里，脏的无法形容；猪圈一般设在住房下面，而这些猪经过几个世纪没有上街后，又在大城市的街上闲逛了……公共厕所极少，在曼彻斯特的一个地方，1843—1844年时，7000居民有33个厕所——这就是说，每212个人只有一个厕所。即使设计的水平这样低下，即使是如此的恶臭和污浊，在许多城市中连这样的住房也很缺乏；于是出现了更糟糕的情况，地窖也用来作住所……甚至在20世纪30年代，伦敦仍然有20000人住在地下室……"①

概括起来，国外学者对流动人口贫困主要集中在如下几个方面：

第一，关于贫困的成因。主要有三种观点。其一，贫困源自于个人因素。早期的资产阶级以及一些社会学家如斯宾塞、S.索姆布洛索等人认为，穷人或者性格有缺陷，或者生理有缺陷。贫穷的原因就在于个人的特性，穷人应该对自身的贫穷负责。他们认为，穷人之所以贫穷，要么是因为他们是懒惰、不节俭、不努力工作或者与遗传相关的低智商有关，要么是他们不良的道德品行以及其他陋习，如赌博、酗酒、吸毒或违法犯罪等一系列行为所致。

其二，贫困源自于社会制度。一些资产阶级激进派、社会改良主义者和人道主义者认为，贫困不是个人因素造成的，而是社会制度的产物。周期性的经济危机和失业、不公平的财富分配是导致贫困的根源。为此，英国一些资产阶级激进派以萧伯纳和韦伯夫妇等为代表，于1884年成立了费边社。费边社强调：贫困不是个人的过错，消除贫困首先是政府的责任。韦伯夫妇甚至为贫民提出了制定最低工资标准、实行免费教育、改善工人工作环境、提供良好的工作条件等具体的减贫措施。马克思·赛尔（Maxine Seller）通过对欧美大城市的犯罪情况调查后指出，外来

---

① [美]刘易斯·芒福德：《城市发展史——起源、演变和前景》，倪文彦、宋俊岭译，中国建筑工业出版社1989年版，第341—342页。

移民的犯罪率低于土生土长的当地人。另外一些美国学者还专门对加州1900—1927年间的亚洲移民犯罪问题进行了研究，结果认为真正的亚裔罪犯其实也寥寥可数。大卫·沃德（David Ward）认为大多数外来移民都过着努力工作的生活，他们所在社区的恶劣条件不是他们造成的，而是因为市政府没有提供足够的供水设施、合理的排水与污水处理系统。①

除了认为贫困是社会制度的产物，一些学者还分析了贫民所处的社会环境，从社会文化的角度分析了贫困的原因。早在19世纪七八十年代的英国，一些社会改革者就注意到社会文化对贫民的影响。如美国著名的女政治家、社会活动家简·亚当斯（Jane Addams），撰写了《赫尔会所图文集》，罗伯特·亨利（Robert Henry）的《芝加哥贫民窟状况》，劳伦斯·威利尔（Lawrence Eviler）和罗伯特·德雷斯特（Robert Detester）合著了《贫民窟住宅问题》，她们认为城市贫民之所以生活在社会的底层，是因为他们的文化素养低下，要改变他们的贫困状况，最好的办法是给他们提供学习和娱乐的场所，教他们语言、礼仪和技能，这样可以提高他们的文化水平，增强生活自立能力，缩小与"特权阶层"之间的差距，以更好地融入社会。1959年刘易斯（Lewis）通过对墨西哥和波多黎各贫民窟进行一系列研究后，第一次明确提出了"贫困文化"的概念。与此同时，班费尔德（Edward C. Banfield）和哈瑞顿（Michael Harrington）等通过对来自墨西哥、意大利和美国等不同社会的经验资料，共同构筑起贫困文化的概念架构。该理论认为，贫困文化是穷人适应外在环境的结果，而并非穷人自身的错误，改变贫困的可能只取决于外部力量。这一理论为研究流动人口贫困提供了新的视角。

第二，关于流动人口以及贫民窟的减贫对策。应该说，早期社会学家关于流动人口贫困治理的观点推动了西方国家社会福利制度的形成。如英国先后通过了《济贫法》、斯品汉姆兰制度、《工人赔偿法》等，涉及贫民的住房、工资、工作条件、工伤保险等方面。德国通过多种渠道提高进城农民的文化水平，工厂禁止接收没有经过义务教育的童工，解决进城农民工子女的平等教育问题，并将进城农民纳入到城市现有的职

---

① David Ward. *Poverty, Ethnicity and the American City*: 1840—1925. Cambridge: Cambridge University Press, 1989: 116.

业教育体系。

S. M. Toh, A. S. Denisi 等学者基于社会认同理论的基础上提出为迁移者提供友好的帮助，提供迁入地的知识、组织文化等方法，以使迁移者摆脱边缘化的状态。[1]

西方国家早期对流动人口贫困的研究并没有形成系统的理论，在研究方法上主要从社会学角度出发，在贫困的形成原因上主要侧重于贫困的制度分析，在对贫困的治理上涉及政治、经济和文化等各个方面，这些都与当时的社会背景分不开。国外关于流动人口贫困的研究为我们研究农民工贫困提供了思路：贫困特别是流动人口的贫困不仅仅是个人因素造成的，还是外部社会环境的产物。消除贫困需要借助于外部力量，通过改善贫民的工作、生活环境，提高贫民的教育文化水平，增强贫民的社会适应能力。

二　国内对农民工贫困问题的研究

国内学术界对农民工问题的研究始于20世纪80年代末，对农民工贫困的关注则始于20世纪90年代中后期，近几年才开始从政策层面关注农民工贫困。在这期间，有一部分学者相继发表和出版了一系列有一定影响的关于农民工贫困的学术论文和专著，如黄平等主编的《农民工反贫困——城市问题与政策导向》（社会科学文献出版社2006年版）、中德合作项目办公室编著的《流动的贫困——中德合作——云南城市贫困研究报告》（社会科学文献出版社2006年版）。其他对于农民工贫困的研究只是散见于关于城市贫困的研究中，像陈端计的《中国经济转型中的城镇贫困问题研究》（经济科学出版社1999年版），叶普万的《中国城市贫困问题研究论纲》（中国社会科学出版社2007年版）等。从目前形成的研究成果看，主要涉及两个方面：首先，对农民工贫困现实的分析，主张将农民工贫困群体纳入城镇贫困当中；其次，对农民工贫困的原因及对策的分析。

概括起来，关于农民工贫困研究的具体内容主要包括：

第一，农民工贫困问题研究的层次。主要关注物质贫困，同时也把

---

[1] S. M. Toh, A. S. Denisi. Host Country Nationals as Socializing Agents: A Social Identity Approach. Journal of Organizational Behavior, 2007, 28 (3): 281—301.

人文贫困和权利贫困纳入研究视角（王雨林，2004；方晓玲，2004；杨云峰，2007）。

第二，农民工贫困的分类。国内对于农民工贫困的分类存在很大的分歧。有的学者将农民工同城市居民相比，认为目前农民工的贫困属于绝对贫困，有的称生存性贫困、温饱型贫困（陈端计，2006）。有的学者将农民工流动前后的收入进行对比，认为农民工属于相对贫困。还有的学者认为农民工的贫困是发展性的贫困（李恒春，2008）。

第三，农民工贫困原因的阐释。主要有：（1）结构或制度论：（李裕林等，2007；樊而淑等，2008；赵红宇，2008）中国城乡分离的"二元结构"所带来的户籍管理以及在此基础上延伸出的就业制度、社会保障制度等是造成农民工贫困的根源。朱慧涛（2005）还把由制度和结构缺陷引起的贫困称为"结构性贫困"。（2）权利论：（洪朝辉，2002；魏秀珍，2004）农民工的贫困是由于农民工与城市人相比缺乏公正的社会权利，由此导致农民工在获取政治、经济和社会福利等权益时的机会缺失。

从国内相关文献对于农民工贫困问题的研究看，主要体现在以下几个方面的特点：第一，研究的视野进一步拓宽。对农民工贫困的关注，已从单纯的关注收入状况转向重视权利和能力的被剥夺，其中为农民工赋权、加强人文关怀成为理论研究的共识。第二，研究的方法进一步与主流经济学的研究范式接轨。已从传统的规范分析逐渐转向实证分析，或者将二者相结合。第三，研究的层次进一步深化。对农民工的贫困不仅分析贫困者的自身因素，更加注重从宏观背景和体制层面等外部因素考察造成贫困的制度性因素。

由于对农民工贫困的研究起步较晚，所以目前该领域的研究仍然存在以下几方面的不足：其一，在研究范围上，主要立足于"普遍性"，即研究总体农民工贫困人口的生活表现、原因以及减贫对策，很少将农民工进行区域划分，比较贫困的异同。特别是西部地区，长期以来作为农民工输出地的特点导致研究者忽视了西部地区城市农民工贫困的客观事实。其二，在研究方法上大都停留在静态研究的层面，而且很多研究都是对同一问题的反复说明，缺少新意。其三，对农民工的贫困程度和测量上，没有制定出具体的、可行性的标准，难以提供有效的农民工的减贫模式。其四，对贫困的理解上，多停留在经济层面上，如收入水平或在收入之外的物质层面上（住房、消费、公共服务等）。虽然近年来，国内一些学者也开始强调非物质方面的贫困,其中最突出的是对人力资源方面贫困的强调,如健康状况、教育程度等。应该说,这种看待贫困的方式非常重要,但似乎也难以解释为什么农民中的"优秀群体"——农民工是贫困的。实际上,造成这种困境的原因在于理解贫困的方式——那就是过分强调单个个体的资源占有量,而忽视了农民工实际上是作为一个特殊的群体和阶层而存在的。因而,造成群体贫困的不仅仅是个人的人力资源,更重要的是主体之外的客观社会因素,是经济和非经济因素共同作用的产物,它不仅是一个经济问题、人口问题、政治问题、社会问题,更是一个发展问题。

第三节 农民工贫困线研究综述

一 国外对"农民工"贫困线问题的研究

如前所述,"农民工"是我国社会转型时期出现的独特社会现象,西方国家并未经历过。因此,有关发展经济学、贫困经济学和社会学等诸多理论都没有涉及农民工贫困线的相关问题。但是,国外探讨贫困问题及如何测定贫困线等相关理论,对于我国测定农民工贫困线具有一定的指导意义。

应该说,英国学者布什和朗特里是最早研究贫困线的。在布什的著作《伦敦东区人民的劳动与生活》[①]和朗特里的著作《贫困:城镇生活研究》[②],以及之后他们的研究内容中,都是主张从绝对贫困角度(维持基本生活)出发,为贫困居民提供相应生活必需品以维持基本生存。这一研究方法一直沿用到 20 世纪 60 年代以前,时至今日,它依然具有重要影响。与以上方法不同,彼特·汤森在其著作《英国的贫困》(Poverty in the United Kingdom)中提出了一种新的贫困线测定方法,即以相对遗缺来度量贫困。他认为,"与需求相对应的遗缺能够被客观的测定,相对遗缺就是指从日常生活方式中排除某种需求,这样可以更好地从基本

[①] 布什(Booth):《伦敦东区人民的劳动与生活》(Labour and Life of the People in London),伦敦:威廉姆斯和诺加特出版社 1889 年版。

[②] 朗特里(Rowntree):《贫困:城镇生活研究》(Poverty: A Study of Town Life),伦敦:麦克米伦出版社 1901 年版。

生活需求方面界定贫困指标。他测定贫困的方法是制定基本生活必需品的清单，若是清单上的某一指标在家庭中有一定程度的缺失，就可以认为该家庭是贫困的"①。1969年美国学者奥珊斯基（Orshansky）在《劳动月刊》上发表论文《如何度量贫困》，提出以一种新的方法来度量贫困，该方法是建立在著名的恩格尔定律的基础之上的。她提出："可以用家庭生活必需品支出的平均值，作为贫困测定的标准，如果一个家庭生活必需品支出的三分之一是用于食品消费，则这个家庭可以认定为贫困。"② 后来的学者对此方法给予了高度评价，并将它命名为"恩格尔系数法"。除此以外，还有很多学者提出了不同的贫困线测定方法，如英国学者阿尔柯克在其著作《认识贫困》一书中提出了收入替代法、标准预算法和剥夺指标法三种确定贫困线的方法③；美国的经济学家马丁·布雷林将食品分配法和食品能量法两者的理论方法相结合，提出以已知食物贫困线为基础，利用回归模型求出非食物贫困线，二者相加得到高低贫困线这一新的贫困线测定方法，命名为"马丁法"；国际贫困标准和每人每天1美元标准（2008年改为每人每天1.25美元极端贫困人口标准和每人每天2美元的贫困人口标准）是由世界银行提出的最具代表性的测定相对贫困线的方法；荷兰学者克拉斯·德沃和奥迪·海根纳斯还站在测定主观贫困线的新立场，提出以"自我感觉生活需要不足"来定义贫困线。

西方国家在关于贫困线的测定方法上从最初维持生存的绝对贫困角度出发，后来逐渐发展为客观绝对贫困标准、客观相对贫困标准和主观贫困标准三大类。各国具体所采用的贫困线测量方法是综合本国国情，以及政治、经济和文化等各个方面因素来进行选择的。

二 国内对农民工贫困线问题的研究

中国学者对测定贫困线的研究起始于20世纪80年代。具有代表性的观点有：童星、林闽钢在《我国农村贫困标准线研究》一文中，依据荷兰的克拉斯·德沃和奥迪·海根纳斯提出的从客观绝对贫困标准、主观

---

① 彼特·汤森：《英国的贫困》（Poverty in the United Kingdom），伦敦：阿伦·莱恩和培根图书公司1979年版，第13页。

② 奥珊斯基（Orshansky）：《如何度量贫困》（How Poverty is Measured），《劳动月刊》1969年第92期。

③ 阿尔柯克：《认识贫困》（Understanding Poverty），伦敦：麦克米伦出版社1993年版。

贫困标准和客观相对贫困标准三个视角来进行贫困测量，提出了三类共12种度量贫困的定量方法①。祝梅娟归纳总结了国内外各种贫困测定方法，结合中国实际，将贫困测定方法从理论方法和实际操作方法两方面进行了分类。"理论方法有福利函数法和福利指标化法；实际操作有市场菜篮法、恩格尔系数法、马丁法、国际贫困标准、数学模型法。"②骆柞炎在祝梅娟归纳总结的基础上，增加了因子分析法和调整基期法等方法。③香港学者周勇新在20世纪80年代初期的《富裕城市中的贫困》④一书中系统介绍了他在香港运用生活形态法进行调查的情况，应该说，该书是最早就确定贫困线的方法进行论述的中文著作。台湾学者林亿万的《福利国家——历史比较的分析》⑤、孙建忠的《台湾地区社会救助政策发展之研究》⑥都用一定的篇幅对有关贫困线测定方法进行了深入研究。2007年金莲在《城镇农民工贫困程度的测度》一文中，首次对测算农民工贫困线进行了研究，她采用恩格尔系数法，以贵州的背篓军为例，测算出城镇农民工的贫困线为人均248.40元/月⑦。

我国学者对贫困线的测定方法的研究沿用了客观绝对贫困标准、客观相对贫困标准和主观贫困标准三类方法，这种研究方法对于推动我国农民工贫困线的理论和方法研究具有重要意义，是我国农民工贫困线研究的理论基础，本课题的研究工作也是在参考借鉴这三大类标准的基础上进行的。但是，就我国目前的研究现状而言，还存在很多的不足之处，主要表现在以下两个方面：其一，我国的贫困线研究界定，主要是通过经济指标来衡量，忽略了个人主观方面等其他因素。用目前贫困线的标准来识别农民工贫困人口存在一定的缺陷，不能完全反映农民工这一特殊群体的贫困现状。其二，对于农民工贫困线研究还处于萌芽阶段，主流经济学没有重视农民工贫困线的研究，针对农民工贫困线的研究文献

---

① 12种测量方法分别是：收入等份定义法、收入平均数法、商品相对不足法、热量支出法、基本需求法、恩格尔系数法、超必需品剔除法、总支出与总收入法、编制贫困指数法、数学模型法、主观最小收入定义法、主观最小消费定义法。
② 祝梅娟：《贫困线测算方法的最优选择》，《经济问题探索》2003年第6期。
③ 骆柞炎：《利用线性支出系统ELES测定贫困线的实证分析》，《当代财经》2006年第3期。
④ 周勇新：《富裕城市中的贫困》，（中国香港）天地图书公司1982年版。
⑤ 林亿万：《福利国家——历史比较的分析》，（中国台北）巨流图书公司1994年版。
⑥ 孙建忠：《台湾地区社会救助政策发展之研究》，（中国台北）时英出版社1995年版。
⑦ 金莲：《城镇农民工贫困程度的测度》，《中共贵州省委党校学报》2007年第4期。

和数据资料很少。

第四节 研究对象、内容、基本框架及方法

一 研究对象

农民工是指具有农村户口而在城镇务工的劳动者，它兼有农民与工人的双重身份，主要指在第二、三产业中务工的农民。农民工有广义和狭义之分，广义的农民工既包括跨地区流动就业和进城务工的农民工，也包括在居住地乡镇务工的农民工。狭义的农民工则不包括后者。本书的研究对象是在西部地区乡镇以外城市从事非农产业、具有农村户口的劳动者。

二 研究内容

第一，系统梳理国内外有关农民工的理论，厘清其研究的框架、趋势和不足，进一步明确西部地区农民工贫困研究的方向及减贫思路。

第二，廓清有关农民工贫困的经济学和社会学理论，为研究西部地区农民工贫困奠定理论基础。

第三，应用规范分析和实证分析方法分析了农民工以及西部地区农民工流动的背景、原因及其贫困的特征。指出西部地区农民工贫困既有外部因素，同时也有内部因素。外部因素主要是：劳动力市场分割、城乡分割的二元经济体制、西部地区工业化发展水平低和城市化发展相对滞后。内部因素是：自身素质低、家庭负担重、城市生活的能力差以及社会支持网络弱化。

第四，提出缓解西部地区农民工贫困的一系列对策思路。提出应从提升农村劳动力资源、调整和完善社会政策、推动城乡一体化等几个方面来解决西部地区农民工贫困问题。

三 理论框架

西方有关贫困问题的研究与论述非常多，目前国内关于农民工的研究也各有自己不同的角度和体系。本书主要借用发展经济学中的"推拉"模型，分析西部地区农民工流动的原因。指出由于农民工的流动，使农

民工遭受了来自城市社会外部各种因素的制约,出现贫困现象,进而在分析西部地区农民工贫困的原因的基础上,提出一系列缓解西部地区农民工贫困的对策思路。

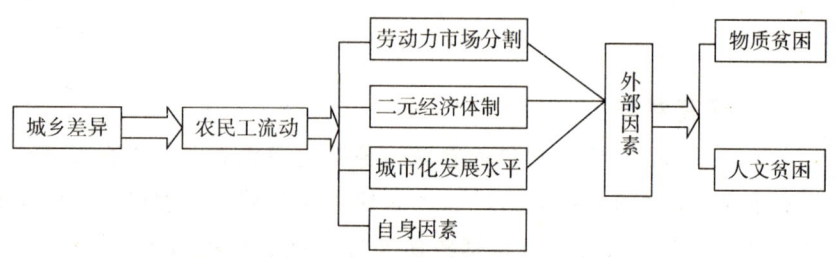

图 1-1　农民工流动及贫困原因

四　研究方法

第一,问卷调查和实地访谈相结合的方式。在调查地点的选择上,主要选取了在西部地区具有一定代表性的省会城市——陕西省西安市、甘肃省兰州市和内蒙古自治区呼和浩特市。同时课题组采取便利性原则,对位于西安市长安区大学城内的几个建筑工地进行了问卷调查和访谈,主要考虑到两方面的因素:其一,随着大学城规模的不断扩大,基于学生消费群体的增多,吸引了大量的外来流动人口在此居住。这些流动人口多半以上是来此打工和做小生意的农民,他们的职业以流动商贩、小店老板为主,由于大学城一直处于建设和施工当中,所以在此又聚居了大量的建筑民工,成为长安区一个重要的农民工集散地。其二,课题组成员主要是大学城的几所大学的研究人员,对大学城的地理位置比较熟悉,便于实地观察和访谈。

我们设计的《西部地区农民工贫困问题调查问卷》(见本书附录)由6个部分76个问题组成,内容包括农民工的工作、收支状况、人身权利、居住条件、医疗保障、精神生活、社会满意度等方面。随机发放问卷1100份,收回1093份,去除无效问卷22份,合计有效问卷1071份,回收率为97.4%。问卷基本采用自填法,对不识字的调查对象视具体情况对问卷的内容进行了逐一访谈。同时,课题组成员在大学城几所大学的施工现场、餐厅等对多位农民工进行了详细的观察和细致的访谈。访谈内容主要涉及外出打工的原因,打工前后收支的差别,社会认同等方面,对农民工的内心世界和精神状况有了近距离的认识。

第二，文献分析方法和比较分析方法。充分利用近年来专家学者、国家统计局等关于农民工调查研究的资料统计和数据分析，通过将东西部农民工群体之间、农民工群体与城市不同居民之间的横向比较，探寻西部农民工贫困的程度，以及造成农民工贫困的原因。

第三，实证分析和规范分析相结合的方法。以实证分析为基础，通过对西部地区的西安市、兰州市和呼和浩特市农民工的调查，厘清了目前西部地区农民工的贫困现状及贫困的主要特征。用规范分析方法探讨了西部地区农民工贫困的原因，在此基础之上提出缓解贫困的思路。

第二章　农民工贫困的基本理论

在迄今为止的一切社会中，贫困是一个普遍存在的社会现象，即使"在有些情况下，一个国家的经济运行状态有可能接近其潜能，也就是说，在其生产可能性曲线上运行，然而普遍的贫困依然是一个规律"。① 人们虽然能够减轻、治理贫困，但是无法根本消灭贫困。因此，如何减缓贫困成为经济学、社会学和政治学以及其他社会科学探讨的一个焦点问题。但贫困作为特定的社会经济现象为人们所重视，且被纳入理论研究的领域其历史并不悠久。在 18 世纪以前，由于社会生产力发展水平低下，人们的生活普遍贫穷，这时贫困现象并不引人注目。贫困问题开始被社会重视并成为经济学、社会学以及政治学的基本课题之一，是工业革命之后的事。但在不同历史时期，对贫困的认识是有差异的。

第一节　贫困的经济学理论

一　亚当·斯密的贫困理论

作为古典政治经济学的代表人物，亚当·斯密的基本观点是：在自由市场经济的条件下，贫困是个人的选择行为和市场调节的结果。他认为，贫困是由于经济体系对劳动力的需求和人口的生育情况所共同导致的。他认为，在资本主义条件下，工人靠工资而维持生活，工人获得工资的标准是其劳动的"自然价格"，即维持工人及其家属必要的生活资料的价值，而在现实的市场中，工人所获得的实际工资，即劳动的市场价

---

① 夏普（A. M. Sharp）：《社会问题经济学》（Economics of Social Issue），中国人民大学出版社 2000 年版，第 17 页。

格是围绕着自然价格波动的。当劳动力供大于求时，劳动的市场价格会低于其自然价格。在这种情况下，劳动报酬会降低，部分工人会因此而陷入贫困。反过来，贫困会使劳动者的供养能力降低，从而抑制人口的增长，这样又会减轻劳动力的过剩，使经济对劳动力的需求相对增加，从而使劳动的市场价格回升。亚当·斯密说：“什么时候，要是劳动报酬不够鼓励人口增殖，劳动者的缺乏不久就会抬高劳动的报酬，什么时候，要是劳动报酬过分鼓励人口增殖，劳动者的过多不久就会使劳动的报酬减到其应有的程度。在前一场合，市场上的劳动供给，如此不足，在后一场合，市场上的劳动供给又如此过剩，结果都迫使劳动价格不久又回到社会所需要的适当程度。"① 由此，亚当·斯密认为，贫困是市场情景中劳动力供需关系波动的结果，只有通过市场的调节作用来抑制人口的增长，才能解决贫困问题。按照这种逻辑，他反对政府和社会对穷人提供更多的帮助。②

二　马尔萨斯的贫困理论

如果从理论上讲，马尔萨斯对贫困问题的解释基本上是在亚当·斯密古典经济学的理论框架中进行的。马尔萨斯在其代表作《人口论》中的贫困理论要点可概括为三个方面：第一，"两性间的情欲"会导致人口在食物供应允许的范围内最大限度地扩张。人类自身的繁衍，在生物学所能承受的极限未达到之前，通常是不会停止的。第二，人口的加速增长使劳动力的供给增加，从而对既定的土地资源形成压力，一旦这一过程趋于恶化，其结果只能是饥荒和死亡的增长。第三，从长期看，食物供给的增长滞后于人口的增长，即食物供应是按算术级数增长，人口则是以爆炸性的几何级数增长的，因此贫困是不可避免的。但他认为，资本主义社会中的贫困和罪恶并不是由资本主义私有制造成的，资本主义私有制不仅不是贫困和罪恶的根源，相反地，它是保持人口增殖同生活资料之间平衡的最有效和最好的制度。他的结论是：贫民自身是贫困的原因，社会制度没有任何责任，他们除了承受由自身人口增长太快而带来的贫穷和罪恶的惩罚之外，别无出路。马尔萨斯反对实行"济贫法"，

---

①　亚当·斯密：《国民财富的性质和原因的研究》，商务印书馆1972年版，第73—74页。
②　鲁友章、李宗正：《经济学说史》，人民出版社1984年版，第377页。

认为对穷人的救济造成他们更多的生育，从而使他们仍然陷在贫困当中。

三 纳克斯的"贫困恶性循环"理论

无论从理论还是从反贫困的具体实践来看，真正上升到一种国家行为以及进行系统的理论思考，主要是从 20 世纪五六十年代开始。但这一时期理论思考及其相应的减贫对策主要体现在对经济发展战略的思考方面。

美国哥伦比亚大学教授拉格纳·纳克斯（Ragnar Narkse）在 1953 年出版的《不发达国家的资本形成》一文中系统考察了发展中国家的贫困，探讨了贫困的根源和摆脱贫困的途径，提出了著名的"贫困恶性循环"理论，是经济学家解释发展中国家贫困问题的最早尝试之一。

纳克斯认为，发展中国家之所以贫困，不是因为这些国家国内资源不足，而是因为这些国家的经济中存在着若干个互相联系、互相作用的"恶性循环系列"，正是这些恶性循环，使发展中国家长期在持续的贫困封闭圈中徘徊，无法实现经济发展。而在这个恶性循环系列中，主要是"贫困恶性循环"，其产生的原因在于资本缺乏，资本形成不足。从资本的供给方面看，发展中国家人均实际收入低，低收入意味着低储蓄能力，低储蓄能力造成资本形成不足，资本形成不足使劳动生产率难以提高，生产率低又造成新的一轮低收入，如此周而复始，形成一个"低收入—低储蓄能力—低资本形成—低生产率—低产出—低收入"的恶性循环；从资本的需求方面看，发展中国家人均收入低，低收入意味着低购买力，低购买力造成投资引诱不足，投资引诱不足使生产率难以提高，生产率低又导致新一轮的低收入，如此周而复始，形成一个"低收入—低购买力—投资引诱不足—低资本形成—低生产率—低产出—低收入"的恶性循环。这两个循环互相影响、互相作用，阻碍了经济发展，从而必然使发展中国家长期处于经济停滞和贫穷的困境之中。因此他得出一个著名的"一国穷是因为它穷"的命题。

"贫困恶性循环"理论的核心实际是要说明发展中国家要摆脱贫困，打破恶性循环，必须大规模地增加储蓄，扩大投资，促进资本形成。纳克斯的"贫困恶性循环"理论反映了发展中国家贫困的重要特征，并初步探讨了产生贫困的根源和摆脱贫困的途径，但是，它过分强调了储蓄作用和资本积累的重要性，因而受到一些学者的批评。

四 纳尔逊的"低水平均衡陷阱"理论

纳克斯提出"贫困恶性循环"理论之后，美国另一位经济学家纳尔逊（R. R. Nelson）也于1956年发表了《不发达国家的一种低水平均衡陷阱理论》一文，利用数学模型分别考察了不发达国家人均资本与人均收入增长，人口增长与人均收入增长，产出增长和人均收入增长的关系，并综合研究了在人均收入和人口按不同速率增长的情况下，人均资本的增长和资本形成问题，提出了关于贫困的自我维系的另一种循环过程和机制。他认为，发展中国家的经济表现为人均收入处于维持生命或接近于维持生命的低水平均衡状态，即所谓的"低水平均衡陷阱"。他认为，只要人均收入低于人均收入的理论值，国民收入的增长就被更快的人口增长所抵消，使人均收入逼回到维持生存的水平上，并且固定不变；当人均收入大于这一理论值，国民收入超过人口增长，从而人均收入相应增加，直到国民收入增长下降到人口增长为止，在这一点上，人口增长和国民收入达到新的均衡。因此，在一个最低人均收入水平增长到与人口增长率相等的人均收入水平之间，存在一个"低水平均衡陷阱"，在这个陷阱中，任何超过最低水平的人均国民收入的增长都将由人口增长所抵消，这种均衡也是稳定的。发展中国家必须进行大规模的资本投资，使投资和产出的增长超过人口增长，才能冲出"低水平均衡陷阱"。

"低水平均衡陷阱"理论从多方面探讨了发展中国家贫困的原因，分析了资本稀缺，人口增长过快对经济增长的障碍，强调了资本形成对摆脱"低水平均衡陷阱"的决定性作用，这对于研究发展中国家的贫困问题，寻找实现经济发展的途径具有很大的启发意义。该理论的意义在于，它说明了发展中国家经济贫困落后的主要原因是人均收入过低，导致储蓄能力过低，投资量小和资本形成不足；而人均收入低的原因又在于资本形成不足。由此可见，资本稀缺是经济发展的主要障碍和关键所在。发展中国家必须进行全面大规模的投资，以大幅度提高资本形成率，实现经济增长的要求。与纳克斯的"贫困恶性循环"理论相比，纳尔逊进一步证明了发展中国家贫困再生是一种稳定的现象。并揭示了这种稳定均衡的内在机制对突破贫困均衡的临界条件。纳克斯、纳尔逊的理论隐含的共同思想是：发展中国家的经济贫困在没有外力推动情况下是一种高度稳定的均衡现象，而经济发展则是经济从低水平向高水平均衡的过渡,一旦经济从低水平均衡中挣脱出来,就能进入持续稳定增长的轨道。

五 莱宾斯坦的"临界最小努力"理论

为了进一步说明发展中国家贫困的原因,找到摆脱贫穷落后的有效途径,美国经济学家哈维·莱宾斯坦(Harvey Leibenstein)于1957年提出了经济发展的临界最小努力理论。这种理论认为,发展中国家要打破低收入与贫困之间的恶性循环,必须首先保证足够高的投资率,以使国民收入的增长超过人口的增长,从而使人均收入水平得到明显提高,这个投资率水平即"临界最小努力",没有这个最小努力就难以使发展中国家的国民经济摆脱贫困落后的困境。

莱宾斯坦列举要进行临界最小努力的四个因素:第一,需要克服由于生产要素不可分性而产生的规模的内在不经济。第二,需要克服由于不具备外在的相互依存关系而产生的外在不经济。第三,当一个国家处于收入仅够维持生存的最低均衡水平时,收入如果增加,人们的生活条件改善了,将促使死亡率迅速下降,但人口出生率并未随之下降,反而可能有所上升,其结果是人均收入水平并无提高。因此,必须通过大量投资,使收入增长冲破这个障碍。第四,为了在经济体系中形成一种机制,促使发展的因素能持续发挥作用,形成持久的发展,则初期的投资努力就必须达到或超过某一最低限度。

莱宾斯坦认为,发展中国家长期处于低收入水平的循环中,国民经济中的内在推动力量太小,收入水平低决定了它们即使不断增加投资,资本形成的规模都小于经济起飞所需要的临界最小数量,因而最终又会落到低收入均衡的陷阱,无法打破这种稳定的均衡,那么为什么人均收入不能大幅度提高,低收入均衡陷阱难以冲破呢?莱宾斯坦认为,主要是因为经济增长过程中存在着提高收入和压低收入的两种力量,这两种力量既相互依存又相互对立,并受不同因素所支配。提高收入的力量是由上一期的收入水平和投资水平所决定,压低收入的力量则由上一期投资的规模以及人口增长的速度所决定。只有当收入水平超过人口增长速度时,提高收入的力量才能大于压低收入的力量,人均收入水平才会大幅度提高。发展中国家的现实是压低收入的力量往往大于提高收入的力量,收入增长滞后于人口增长,从而导致人均收入难以打破低水平的均衡。因此,在经济发展的初始阶段只有通过大规模的投资,才能使提高收入的力量大于压低收入的力量。莱宾斯坦进一步指出，实现临界最小努力还要具备一些制度和人文条件，如人们观念的更新，形成追求利润承当风险的意识，适宜企业及成长和投资赢利的社会环境等。

"临界最小努力"理论强调了资本形成对促进经济发展的重要性。这对于认识发展中国家的经济现状及摆脱贫困具有十分重要的启发意义。经济发展史也证明，在经济极度落后、科技不发达、人力资本匮乏的国家，资本形成对于推动经济增长的确非常重要。但是，如果把资本形成看做经济发展的决定性因素，就有片面和绝对的理论倾向。

六 缪尔达尔的"循环积累因果关系"理论

冈纳·缪尔达尔（Gunnar Myrdal）是享誉世界的著名的贫困问题研究专家，他的《富国与穷国》（1957）、《亚洲的戏剧：对南亚一些国家贫困问题的研究》（1968）、1970年出版的《世界贫困的挑战——世界反贫困大纲》堪称研究贫困问题的经典之作，他本人也因此荣获1974年的诺贝尔经济学奖。

和其他研究贫困问题的学者所不同的是，缪尔达尔试图在经济、政治、制度、文化、习俗等广泛的层面上研究欠发达国家贫困的原因。

首先，在研究方法上缪尔达尔旗帜鲜明地反对套用新古典经济学的理论和方法来观察和研究欠发达国家的经济发展问题。他认为，市场与价格、就业与失业、消费与储蓄、投资与产出这些"经济学"术语是从西方世界的生活方式、生活水平、态度、制度和文化中抽象出来的，它们用于分析西方世界可能有意义，并可能得出正确的结论。但用于分析欠发达国家显然不会得出正确的结论。在欠发达国家，不能进行这种抽象，实际的分析必须讨论态度和制度关系方面的问题，必须考虑非常低的生活水平和文化水平的发展后果。必须要用一套新的适合于这些国家现实的理论与概念来代替常规的理论与概念。

其次，突出强调制度分析。他通过对亚洲一些国家长达十余年的研究发现，阻碍这些国家迅速发展的障碍基本上"是由现有制度和观念中存在的低效率、教条僵化和不平等造成的，是由这种制度和观念中包含的经济和社会权力关系造成的"。缪尔达尔认为南亚国家存在若干不利于经济发展的制度条件，土地私有制不利于农业进步；推动创办企业、就业贸易和信用的机构聊胜于无；有些国家还没有将各种不同的人群整合为一个统一的国度；有些国家的政府机构缺乏必要的权威；有些国家公共管理的效率和廉政标准十分低下。

最后，他用系统论的方法研究经济发展，提出著名的"循环积累因果关系"理论，以此解释不发达国家因收入低下而导致的愈来愈贫穷的困境。"循环积累因果关系"理论用制度的、动态的、演进的方法，从另一种角度来研究发展中国家的贫困问题。缪尔达尔认为，在一个动态的社会经济发展过程中，各种因素互相联系，互相影响，互为因果，呈现出一种"循环积累"的发展态势：一个因素发生变化（起始的变化）会引起另一个因素发生相应变化，产生"第二级变化"，强化原先的因素，导致经济发展过程沿原来因素的发展方向发展。因此，这种发展关系不是均衡的、守恒的，而是一种"累积性的循环"。在欠发达国家，由于人均收入水平低，导致人民群众生活水平低下，营养不良、医疗卫生状况恶化，健康受损，教育水平低下，从而使人口质量下降，劳动力素质不高，就业困难；劳动力素质不高又导致劳动生产率难以提高，生产效率低下；劳动生产率低又引起产出增长停滞或下降，最终低产出又导致低收入，低收入进一步强化经济贫困，使发展中国家总是陷入低收入与贫困的累积性循环困境之中。缪尔达尔最后得出的结论是，收入水平低是导致发展中国家贫困的重要原因。缪尔达尔认为，产生低收入是社会、经济、政治和制度等方面综合作用的结果，但其中一个最重要原因是资本稀缺，资本形成不足，以及收入分配制度上的不平等。为此，他主张通过权力关系、土地关系、教育等方面的改革，实现收入平等，增加穷人的消费，以提高投资引诱。同时增加储蓄可以促进资本形成，使生产率和产出水平大幅度提高，从而使发展中国家的人均收入水平迅速提高。他指出，人均收入的提高有助于克服"低收入的循环积累因素运动"。因为，收入提高后，人民群众的生活水平、营养、卫生条件、健康、教育等状况得到改善，从而使人口和劳动力素质提高，进而引起劳动生产率和人的劳动积极性的提高，最终导致产出水平和人均收入水平的进一步提高，人均收入的提高又会对下一期收入产生更大的积累性效应，从而形成一个正的"循环积累因果运动"。缪尔达尔贫困理论的最大特色在于突破了纳克斯的悲观论点，强调通过制度上的一系列改革来提高资本形成和收入增长，同时他还主张采取"地区不平衡发展"战略，即通过发达地区的优先发展，形成"扩散效应"来带动其他地区的发展。因此，这一理论成为后来发展经济学中的"不平衡发展"理论的主要依据之一。

七 森的权利贫困理论

阿马蒂亚·森的贫困理论主要体现在具有里程碑意义的代表作《贫困与饥荒》和《以自由看待发展》两书中。和西方学者的贫困理论相比，森理论的独特魅力在于深刻分析了隐藏在贫困背后的生产方式的作用，以及贫困的实质。他认为："要理解普遍存在的贫困，频繁出现的饥饿或饥荒，我们不仅要关注所有权模式和交换权利，还要关注隐藏在它们背后的因素。这就要求我们认真思考生产方式，经济等级结构及其它们之间的相互关系。"[①] 他认为，贫困的实质是能力的缺乏。

在这里我们需要强调的是，森在这里主要研究的是贫困的特殊形态即饥饿。森认为，要理解饥饿，必须首先理解权利体系，并把饥饿放在权利体系中加以分析。[②]

他认为，一个人避免饥饿的能力依赖于他的所有权（所有权是权利关系之一），以及他所面临的交换权利映射（Exchange Entitlement Mapping，简称"E—映射"），而饥饿的直接原因是个人交换权利的下降，一个人所具有的交换权利就其本质而言，取决于"他在社会经济等级结构中的地位，以及经济中的生产方式"，但同时也依赖于"市场交换"以及"国家所提供的社会保障"。

从微观层次上讲，一个人之所以饥饿，是因为他没有支配足够食物的能力，未被赋予取得一个包含有足够食物消费组合权利的结果。假设 E_i 代表一个社会中第 i 人的权利集合，在特定的情况下，这一权利集合就是可供选择的商品组合所构成的集合，其中的每个商品组合都是这个人可以拥有的。在一个私有制经济中，在存在交换和生产的情况下，E_i 取决于两个参数，即个人的资源禀赋（Endowment）（所有权组合）和交换权利映射（为个人的每一资源禀赋组合规定他可以支配的商品组合集合的函数）。

如果满足第 i 个人对食物的最低需要的商品组合所构成的集合为 E_i，

[①] 阿马蒂亚·森：《贫困与饥荒》，商务印书馆2001年版，第12页。
[②] 森所说的权利关系主要包括四个方面：其一是以贸易为基础的权利；其二是以生产力为基础的权利；其三是自己的劳动力权利；其四是继承和转移权利。

那么给定这个人的资源禀赋和交换权利映射,而且仅当他无权得到 Ei 中的任何一个时,他才会因不利的权利关系而遭到饥饿。饥饿资源禀赋集 Si 就是由这样的资源禀赋组合构成,对应于这些禀赋组合的交换权利集合不包括满足他对食物最低需要的商品组合。

如果第 i 个人的 E 资源禀赋落入饥饿集 Si,那么这个人就会陷入饥饿的困境。这种情况可以是由资源禀赋组合的下降所引起的,也可以是由交换权利映射的变化所引起的。森借助下面图式进行了说明(以纯交易为例)。假设:

第一,只有两种商品:食物和非食物。

第二,交换权利映射为线性函数,即交换价格为常数。

设价格比率为 P,对食物的最低需要为 OA,一个人未能避免饥饿,要么是因为资源禀赋向量降低,如 X^*,要么是因为更加不利的交换权利映射,比如价格比率变为 P^*,使饥饿集变为 OAC。

森认为,当某一阶层的资源禀赋向量总额急剧下降时,饥饿就会发生……但饥饿可以在不改变财产所有权的情况下,通过影响交换权利映射的一系列的因素(诸多失业的增加,相对价格和贸易条件的变化以及社会保险制度的变化)而发生,如果资源禀赋向量本身会有足够的食物,即图中资源禀赋组合处于 DAE 区域之内,交换权利映射的变化就不可能引起饥饿。如图 2-1 所示。

森贫困理论的另一主要特点是突破传统流行的将贫困等同于低收入的狭隘界限,提出用能力和收入来衡量贫困的新思维,拓宽了对贫困理解的视野。森认为:第一,贫穷是基本能力的剥夺(Capability Deprivation)和机会的丧失,而不仅仅是低收入;第二,收入是获得能力的重要手段,能力的提高会使个人获得更多的收入;第三,良好的教育和健康的身体不仅能直接地提高生活质量,而且还能提高个人获得更多收入及摆脱贫困的能力;第四,提出用人们能够获得的生活和人们能够得到的自由来理解贫困和剥夺。森贫困理论的落脚点在于:通过重建个人能力来避免和消除贫困。

第二节 贫困的社会学理论

虽然从原本意义上说,贫困特指一定的个人经济状况,但贫困不仅

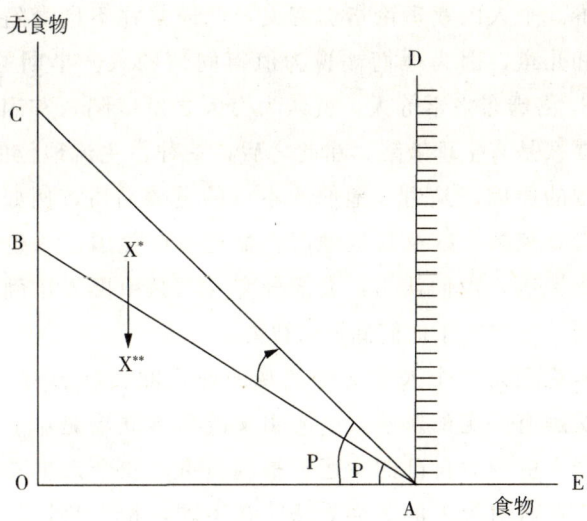

图 2-1 资源禀赋、交换权利映射的变化与饥饿

仅是一个经济现象,而是一个极其复杂的社会现象。贫困与不平等和社会分层密切相关。因此,早在资本主义工业化初期,一些社会学家就已经开始关注资本主义社会的贫困问题。他们从社会调查入手研究了生活在城镇社会底层的人们的贫困状况。

在以后日益市场化的现代工业社会里,生产力的巨大发展和物质财富的大量增加,使欧美发达工业国家的福利水平迅速提高,人们的收入水平稳定增长,教育和健康状况大为改善。但这一切并不意味贫困趋于减少和消除。在一些工业国家贫困现象依然十分严重,贫困人口位于职业结构、权利结构和财产结构的最底层,而且难以找到稳定的工作。贫富差别的拉大往往使犯罪率上升,也会增加社会冲突的可能性。长期以来,现代工业社会的贫困问题一直是社会学家和其他社会科学家研究和辩论的一个焦点。特别是在 20 世纪下半叶,一些工业国家的贫困人口的比重在增长,同贫困作斗争成为各国政府的长期和艰巨的任务。与反贫困政策研究相呼应,有关工业社会贫困问题的社会学探索不断深入,先后形成了四种比较有代表性的理论。

一 贫困个人因素论

这类观点把贫困的原因归结为穷人的个人特征,认为穷人应该对自己的贫穷负责。个人因素理论指责穷人，但通常并不指责陷入贫困的老人、残疾人和儿童，因为他们被视为值得同情的人。早期的社会学家，如斯宾塞、S.洛姆布洛索等人，就认为穷人之所以陷入贫困，要么是性格有缺陷，要么是有生理缺陷。在此之后，一种占主流地位的观点认为，穷人陷入贫困的原因，是由于他们的不良的道德品质，例如懒惰、不思节俭、不能自我控制，以及其他陋习。最近，在美国，一些学者再次论证贫穷的生理原因，他们认为，大部分穷人（其中黑人比例比较高）陷入贫穷的原因，主要在于他们低下的智力。

个人因素论在崇尚个人主义价值观的现代欧美社会有一定的市场，对人们认识贫困有一定的影响。个人主义的基本立场是，个人比社会群体更重要，个人应当对自己的命运和福利负责。在个人主义比较流行的欧美社会，存在着对穷人的负面看法，在美国，相当数量的社会公众认为"不努力"、"低能"是贫困的重要原因，甚至部分穷人自己也这样认为。社会达尔文主义把个人主义理念和生物学的达尔文学说相结合，认为富人和权势者占据社会上层，是因为他们适应竞争，而社会下层不适应竞争，因而难以生存。社会达尔文主义者认为，扶助穷人将使不适应的人生存下来，这只能损害社会。

显然，个人因素论在逻辑上存在许多漏洞，经受不起实证分析的检验，因此受到广泛批评。现代社会学和其他社会科学的当代研究趋于否定"智能低下制造贫困"的观点，相当多的实证研究表明，在影响职业地位获得或向上流动的众多社会因素中，智力只是较弱的一项。换言之，对于职业阶梯结构中的地位，智商之外的很多因素有更大的解释力，"低智能论"的另一个问题是其因果关系的颠倒。对社会流动和地位获得的大量研究说明，在许多情况下，是贫穷导致了低智商，而不是低智商制造了贫穷。有研究发现表明，受其所处的社会环境和物质条件的影响，贫困家庭儿童的智力发育滞后于正常家庭的儿童。而另有研究显示，当饥饿儿童的营养条件得到改善之后，他们的智力水平会显著上升。当然，个人因素论的分析方法并不是完全不能运用到贫困研究中来。在研究贫困原因时，当代社会中贫困者个人的就业观念、人力资本积累、家庭负担系数以及个人道德品质（有无赌博、吸毒等反社会行为）对人们陷入贫困是有一定影响的，但这个影响要在特定的社会环境中来认识。

二 贫困文化论

"贫困文化"作为社会学术语，指仅为社会上一部分人赞同或持有的文化。同时，贫困文化也被研究者们称为"亚文化形态"。这一术语是由社会学和人类学家刘易斯（Oscar Lewis）在其1959年出版的《五个家庭：关于贫困文化的墨西哥人实证研究》一书中创立并首次使用的。而后，"贫困文化"的概念被广泛应用到贫困研究中，形成了对持久性贫困的一种理论解释。与此同时，班费尔德（Edward C. Banfield）的《一个落后社会的伦理基础》、哈瑞顿（Michael Harrington）的《另类美国》等一批学术论著，通过对来自墨西哥、意大利和美国等不同社会的经验资料，共同构筑起贫困文化的概念架构。

刘易斯在题为《贫困文化》一文中首先指出，"贫困文化"是一个特定的概念模型的标签，是一个拥有自己的结构与理性的社会亚文化。它表达着"在既定的历史和社会的脉络中，穷人所共享的有别于主流文化的一种生活方式"。也表达着"在阶层化、高度个人化的社会里，穷人对其边缘地位的适应或反应"。刘易斯指出，贫困亚文化的存在，一方面是穷人在社会强加的价值规范下无法获得成功，而采取的种种应对挫折和失望的不得已选择。另一方面，也有相当一部分的穷人，他们完全心甘情愿生活于自己的文化圈。刘易斯对贫困文化的存在有两种非常矛盾的观点，一方面他认为："一旦穷人具有了阶级意识，或者积极于组织起来，或者能够以国际化的观点看世界的时候，他们就不再有贫困文化了，尽管他们可能还是穷人。"从这层意义上看，贫困亚文化可能是主流文化中的暂时现象。但是，刘易斯在他的另一表述中又偏偏强调了文化价值的中心地位，他说："贫困文化一旦形成，就必然倾向于永恒。棚户区的孩子，到6—7岁时，通常已经吸收贫困亚文化的基本态度和价值观念。因此，他们在心理上，不准备接受那些可能改变他们生活的种种变迁的条件或改善的机会。"这样，贫困亚文化对大社会的拒斥、隔绝的关系，在刘易斯眼里似乎又是一个绝对的概念。像刘易斯一样，班费尔德也相信，"穷人基本不能依靠自己的力量去利用机会摆脱贫困之命运，因为他们早已内化了那些与大社会格格不入的一整套价值观念。改变贫困的可能，只取决于外群体的力量"。

哈瑞顿在其代表作《另类美国》中也认为，穷人存在着有别于主流文化的贫困亚文化。他指出:"在美国,穷人是一种文化,一种制度和一种生活方式。"他们的家庭结构不同于社会的其他群体,没有父亲、较早的婚姻关系、早孕且有混乱的性关系,大多数穷人的孩子不懂得需要稳定的、正常的爱情关系。哈瑞顿在书中也像刘以斯、班费尔德一样,描述了美国当时的贫困状况,并对贫困现象的解决抱以极度悲观的态度。所不同的是,他比前两位学者更强调贫困文化的永久性格。他说,"存在着两种说法:'穷人沦陷在一个堕落的怪圈中';或'穷人生活在贫困文化中'",不管是哪类说法,他们都是一个稳定的、不思也不可能变迁的群体。他们一旦投入卑微父母的怀抱,进入一个落后的国家或社区,选择一个错误的工作场所、一个被歧视的种族,或误入一个伦理环境,就只能耳濡目染,成为那种环境中赞美的道德和意志的楷模。他们中的大多数从此再没有机会走出这个美国的"另类群体"。很明显,在哈瑞顿的思想中含有严重的"贫困代际传递"的观念。

刘易斯、哈瑞顿和班费尔德的贫困文化理论对 1960 年代以后的贫困研究有极其深远的影响。其一表现在其后的一些理论的形成经常借用它们的意涵;其二是一些理论的形成基本上也是为了反驳贫困文化理论的内在缺陷。

可以说,贫困文化观点被提出后,不仅在理论层次上对贫困文化的研究产生相当大的影响,而且在实践层次上受到美国社会的广泛注意,并影响了 20 世纪 60 年代美国"向贫困开战"的具体实施。但相应地,这种文化解释的观点也遭到其他研究者的激烈抨击。这些批评既包括对其研究方法,同时也包括对其贫困文化概念的含混不清及逻辑上的矛盾、研究资料的不恰当等。一些学者认为"贫困文化"事实上并不足以被称作文化,充其量只能被当成某些行为特征,其形成原因是穷人适应外在社会环境的结果,并非穷人自身的错误。也就是说,贫困并非穷人自己的选择,而是穷人没有选择的机会。

虽然"贫困文化"说受到种种挑战,但这一理论学说仍有其积极意义。文化作为一种社会的抑或群体、家庭、个人的价值观和态度,早已通过社会化过程内化于人们的心灵深处,又遍布在生存环境的各个角落。这种深入和遍布,决定了人类行为的方方面面都涉及和反映着文化特征。最近,一些社会学家研究发现,确有一小部分穷人如同贫困文化理论所描述和论证的那样,有独特的价值观、生活方式和人格问题。这部分穷人构成了持久贫困人口的一大部分,被称为"贫困的内核"或"真正的劣势群体"。

三 贫困环境论

如果穷人的某些独特的人格特征和行为方式不是源于"贫困文化",那么又怎样解释呢?贫困环境论提供了另一种思路:这不过是穷人对所处的社会经济环境的反应。因此,穷人并非不愿意接受主流价值观,而是为生活环境所迫,不得不奉行某些特殊的态度和行为准则。按照这一理论观点,经济条件恶劣多变等外部条件使得穷人之间非正式婚姻更为可取;穷人懂得什么是主流社会的价值观,但他们明白自己必须容忍行为的偏离,采取一些实际的选择,而不是硬要追求理想的观念。倡导社会环境说的学者认为,一旦社会环境变了,穷人就会把握和利用机会,努力摆脱贫困。这就是说,穷人的个人特质不是他们向上流动的障碍。在这一点上,贫困环境理论与"贫困文化"理论是尖锐对立的。

贫困环境论的代表人物有:查理斯·A.瓦伦丁、海曼·罗德曼、L.戴维森等。如瓦伦丁将贫困文化内容分解为三方面:一是贫困状况,即诸如失业、无技术、低教育等总体指标;二是行为模式,如自暴自弃、不思进取等;三是价值观念,如宿命论、反社会倾向等。瓦伦丁认为,第一点为环境因素,它决定了后两者,当环境改善后,其他方面自然会随之改变。另外,罗德曼也指出,贫困者并非只具有贫困的文化,他们具有广泛的价值观念,他们之所以表现出贫困的观念,不过是他们在恶劣处境下的一种被迫的选择。总之,处境论认为穷人的内在条件与富人并无重大差别,关键在于他们的处境不同。虽然穷人也愿意接受中产阶级意识,建立稳定的家庭,但环境不容许他们这样做。因此,处境论主张把治理贫困的重点放在改造贫困的社会经济条件上。

应该说,"贫困个人因素论"、"贫困文化论"和"贫困环境论",其主要关注点都是穷人的个人特质。所不同的是,个人因素论直接用个人的道德水准和智商高低来解释贫困;贫困文化论强调来源于贫困亚文化的超稳定形态束缚了穷人的观念和行为方式,使他们难以脱贫;贫困环境论则认为,是环境而不是文化造就了穷人的性格特征。环境论的观点开始触及与贫穷相联系的宏观经济政治因素,但这种观点着重是反驳贫困文化论的观点,而没有提出一个以社会环境和经济体制为出发点的解释贫困的理论体系,这个缺陷或多或少由"贫困结构论"来加以弥补了。

四 贫困结构论

结构论的基本观点是,理解和解释贫困现象,最重要的不是讨论穷人的个人特征,而是揭示社会的相关经济和政治因素,为此,贫困结构论将贫困视为社会结构、社会制度的一部分。该理论认为,只要原有的结构、制度既定不变,贫困现象就会同步维持不变。对贫困结构论的阐释,不同的社会学家,由于其研究的视角不同,对其解释也有所差异。

(1) 二元劳动市场结构理论

该理论认为,在现代工业社会,人们大多以职业收入为主,因而职业收入的高低影响着人们的贫与富的程度。在现实社会中,存在着两种界限分明的劳动市场:一种是收入水平高、福利待遇优越的劳动市场;另一种是收入水平低、待遇差、福利水平低劣的劳动市场。市场状况不同,人们的贫富程度也会截然不同,具体表现在:第一,缺少知识和技能的穷人位于职业结构的最底层,通常只能在收入水平低的劳动市场就业。特别值得指出的是,随着科学技术的发展,对低技能工作的需求随之下降,随之而变的劳动报酬也会相应下降,从而最终导致在该市场就业的劳动者的工资收入低于贫困线。第二,在该市场中,位于职业结构底层的工人也是"产业后备军"的主要组成部分,他们在经济危机或衰退阶段最容易失业,从而丧失经济来源,陷入贫困。第三,在二元经济结构条件下,核心产业就业的劳动者收入高,工作稳定,与之相对应的外围产业则是工资水平低,工作不稳定。一部分贫困人口,特别是受歧视的少数民族。在美国,诸如部分黑人、波多黎各人等少数民族以及妇女等就很难进入收入水平高的核心产业区,因而他们通常构成了社会上的穷人;此外,产业结构在地区之间的发展不平衡所导致的地区就业结构的差异和变化,也是导致贫富差异的重要因素。一般来说,当一个地区或城市等发生产业转移或产业衰败时,由于原有的技能变得无用,一部分产业工人可能由此变成穷人。

(2) 制度结构理论

穷人不仅处在职业结构的底层,而且在财产结构和权力结构中也处于最底层。制度结构论将此归因于占主导地位的社会制度,它认为,任何社会既存在贫穷也存在富裕,社会制度规定了或圈定了贫穷与富裕。如在工业社会中,制度确立了资本所有者和企业主的主导地位,因此也确定了非企业主、无技术和无职业者的穷人地位。穷人既没有资本,因此也往往在没有工会组织的产业中工作。同时穷人也缺乏自己的政治代表,因此在利益分配时,也难以保护自己正当的权益。穷人也具有政治影响,但通常不是通过党派政治,而是通过非常规方式,如集体行动、社会动乱等形成的。这些行动虽然也产生一定的效果,但往往是昙花一现,不足以使穷人摆脱贫困。

其实,用制度来阐释贫困,也是马克思理论的精髓。马克思、恩格斯认为,在资本主义生产方式条件下,导致贫困的根本原因在于生产资料的资本主义私人占有,生产资料所有者榨取工人阶级所创造的剩余价值,导致工人阶级的贫困化。除此之外,马克思还指出:"资本增长得愈迅速,工人阶级的就业手段即生活资料就相对地缩减得愈厉害。"[①] 也就是说,工人阶级的贫困不是由于社会财富的不足,而是由于在资本主义生产方式下,工人处于被剥夺的经济地位。因此,在马克思看来,只有通过改变资本主义制度才能解决贫困,尽管马克思的这套阶级分析理论是依据19世纪的经济、社会状况提出的,而且与跨入21世纪的今天来对照,这个世纪已与19世纪的情况大相径庭,但马克思的理论在今天也有一定的解释力,它为后来的关于贫困的社会根源理论倾向奠定了基础。这就是改变社会制度,才能解救贫困。

(3) 福利制度贫困论

现代西方社会很早就建立起一套完备的社会福利制度,其目的在于维持社会的安定,防止因一部分人陷入绝境而带来社会动荡。但是,现实情况与制定政策的初衷大相径庭,西方国家在奉行了多年的福利制度后发现,贫困现象不仅未见减缓,而且出现有所增加的怪异现象。于是一些社会学家便提出,福利制度貌似公允,实际上,正是福利制度造成了一部分人的贫困。激进派认为,现行福利制度下,由于政府发放的福利和救济金额较少,只能使穷人维持在贫困的生活水平上,但这部分为数不多的救济金却能使处于贫困阶层的穷人尚能维持生活。因此,福利

---

① 《马克思恩格斯选集》第一卷,人民出版社1972年版,第380页。

制度阻止了穷人改善贫困状况的动力。保守派认为，福利制度之所以造成贫困，不在于它阻止了社会制度的根本变革，而是因为社会福利和救济资金的开支过大，影响了社会生产的扩大，使投资减少，结果限制了财富与新的就业机会的增长，最终加剧了社会上一部分人的贫困化。与激进派的观点相仿，许多保守派强调，失业救济等公共事业开支的增长，已经削弱了穷人通过自身努力创造经济自立的愿望，而且非常有害于那些被提供帮助的人，因为它为穷人灌输的是福利依赖心理，营造了长期或永久的穷人，而不是减少贫困。在保守派看来，政府的经济政治举措，与其说是为解决贫困，倒不如说是制造了贫困。资料显示，从1967年到1973年，在美国，女户主加入被救济队伍的人数由36%增加到63%，6年内增长了将近1倍。[①]

除此之外，一些社会学家，如威尔逊通过研究注意到：福利系统的增长可能间接抑制了穷人为寻找工作而发生的地区流动，助长了地区或城市的永久贫困。威尔逊提出，黑人被固锁、隔离在城市内，远离高收入群体，没有流动，不理会外部可能有的丰厚工作报酬的诱惑，甚至停止工作，他们接受和等待的是社会福利。美国另一学者肯·奥莱塔在其代表作《底层阶级》(The Underclass)中引述了一段来自城市贫民窟的穷人的考虑：政府有责任为他们的孩子提供教育、生活保障、地位以及诸多工作之前的准备。奥莱塔发现，穷人对他们的孩子和家庭表现出极其不负责任的态度。

福利制度虽然有其积极的一面，但其负面影响也是客观存在的，它往往能对穷人产生巨大的吸引，使他们宁愿辞去沉闷、辛苦而薄利的工作，宁愿抛开也许是幸福正常的家庭生活，宁愿放弃流动而固守贫民窟的生活。因此，原本希望用福利制度去消除贫困的宗旨不但最终难以实现，反而滋养了贫困。相悖的结果很容易引出一个简单的推理，即只有取消福利制度，才能使贫困者进入劳动力市场，真正解决贫困问题。

五　冲突学派贫困理论

冲突学派的贫困观是，群体间利益的争夺是遭遇不平等和贫困现象

[①] 周怡：《解读社会——文化与结构的路径》，社会科学文献出版社2004年版，第156页。

的根源。也就是说，不平等和贫困是社会各群体之间在利益分配过程中争夺有限资源的结果。他们认为，每一个不同群体在任何一种生存和发展的竞争中都倾向于为自己争夺更多的利益，但是由于各个群体所拥有的权力和占有的资源不等，这样就必然会在资源短缺的情况下出现不同群体间利益的争夺，进而出现利益在不同群体之间的不平等分割和分配，出现贫困现象。伦斯基在其代表作《权力与特权：社会分层的理论》一书中，进一步拓展了冲突论的观点。他认为，贫困者之所以陷入贫困，主要是由于他们在经济过程、政治过程和社会中拥有的资源很少。具体而言，表现在如下几个方面：其一，穷人在经济领域里缺乏资本和技术等生产要素，因而难以获得较多的经济收入；其二，在政治领域里，穷人缺乏政治活动的参与能力和机会，因而不可能对决策以及投票产生实际影响；其三，在社会生活中，穷人无力影响教育、传媒和社区组织，他们普遍受到社会的歧视和排斥。总之，是权力结构的不平等、不合理导致社会部分成员"失能"而陷入贫困和长期维持着贫困，穷人在无权无利的处境中长期被忽视、歧视和遗忘，越来越远离社会的主流文化，远离社会的主体结构，久而久之，他们构建起自己的群体，经常只能采取对抗甚至违法行为来与其他群体抗争，以此表达自己的存在，其结果往往进一步强化了社会对他们的排斥和偏见，加剧了社会矛盾。

冲突学派由此认为，社会财富分配不平等和贫困的存在将会带来严重的社会后果，归纳起来主要表现为：使人分属于不同的阶层；损害社会团结；造成对社会规范和法律的不同理解，导致越轨犯罪；导致仇恨和冲突，导致对财富的争夺；低收入者的高疾病率；降低机会均等和公平程度；不平等代代相传导致社会分裂僵硬化；家庭继承的利益会限制社会流动，不利于发挥人的才能等。

总而言之，按照冲突论的观点，社会中的贫困问题是由一系列不合理权力结构导致社会成员陷入贫困的。因此，单纯依赖为穷人提供救济的方式难以解决社会中的贫困问题，他们认为解决贫困问题的关键在于调整不合理的权力结构，通过给穷人"增能"而使他们与其他社会成员一样参与经济、政治和社会生活，从而达到消除和缓解贫困的目标。

六　功能学派的贫困理论

与冲突理论强调分层的负面作用（反面功能）不同，功能学派则强调社会不平等和贫困的正面作用。也就是说，功能主义作为一种保守思想，它比较多地强调了贫富差距、贫富分层的合理性。功能学派认为，既然地位差别、贫富差距、贫困层的存在是一种长期存在的普遍现象，既然贫困存在于迄今为止的一切社会中，那么它就必然对社会发挥着某种功能。因此，他们不主张消除社会的不平等，认为完全的平等既不可能也不应当。霍姆斯就说过："我鄙视平等的激情，在我看来，它只不过是理想化的嫉妒而已。"① 功能主义贫困观的基本视角是，贫困乃社会功能之需要。

功能主义的贫富观历史比较久远，早在19世纪，杜尔克姆就提出了社会分层的正功能观点，强调了地位差别的合理性。后来，美国社会学家W.沃纳提出了贫富差别是社会秩序的必要机制的思想。帕森斯提出了社会分层之所以存在的社会规范与价值观念基础。戴维斯和穆尔则证明了社会分层必要性的细节，到了20世纪70年代，美国社会学家赫伯特·甘斯在1972年第78期《美国社会学》杂志上发表的《贫困的功能》一文，概括了贫困或穷人在美国社会中的十种功能，并以此来说明贫困在社会中并不完全是负面的意义，而是常常对社会的运行，甚至社会的发展起到正面的作用，也就是说，在社会中存在着贫困现象和穷人并不完全是坏事，社会中的非穷人可以通过穷人的存在而获得自身的利益。由此推论，并非社会中的每个人都会热衷于积极地开展消除贫困和平等化的社会行动。

甘斯认为，贫困具有十大功能：

第一，穷人的存在保证了有人从事社会上那些肮脏的、危险的、临时生产的工作。

第二，穷人的存在对富人有利，他们接受低工资，做出经济上的牺牲，协助了社会的经济运转。

第三，贫困本身能创造为穷人服务的职业。诸如，社会福利、救济工作者、警察、心理治疗者、雇佣军等，同时穷人还能为那些年龄较大、

---

① Johoson, D., (ed.) Equality, Hackett Publishing Company, Inc., 2000.

水平较低、受训不足的医生、律师、教师等提供就业机会。

第四，穷人购买一些其他人不愿意购买的商品，他们对旧衣服、旧汽车、旧房子的购买，从而有效延长了这些商品的使用寿命。

第五，为了体现社会对于占统治地位的价值规范的推崇，穷人常常被指控为"越轨行为者"，他们成了"反面教员"（用社会学术语论说是反面的参照群体）。

第六，穷人所创造的一些文化诸如民间手工艺术、乡村音乐等也会被其他较富裕的人所接受，丰富人们的精神生活。

第七，穷人使非穷人能够维持社会地位，并使一些地位稍好于他们的人能够从他们身上获利。

第八，穷人的存在能够使社会中的慈善机构显得重要，并使之能够求得经费资助。

第九，穷人可以成为社会变迁和经济增长的代价。

第十，穷人可以为美国的民主党提供选票，同时，由于穷人对选举、政治参与不感兴趣，这使得集权主义政治领导人在决策时更为方便，可以将穷人忽略不计。

作为功能学派的代表甘斯虽然列举这一系列在某些方面的确存在的所谓正功能和作用，但该理论仍存在许多缺陷：第一，批评者认为，有些功能虽然为社会所必需，但未必非得让穷人承担，如那些肮脏的工作也可以靠付给高薪而让某些人去做，反面教员的功能也可以由犯罪分子承担等。第二，甘斯所列举的贫困的诸多功能不一定是必不可少的，它们的存在仅仅是由于贫困的存在，如果消除了贫困，这些功能也会自然消亡，而社会却仍能正常运转。

其实，在现实生活中，对贫困理论争论次数多的是冲突论和功能论二者所讨论的焦点问题，贫富分化问题，其实是一把双刃利剑。它的正面功能是经济发展快，人的工作热情高，功能足；负面影响是导致社会不平衡、不稳定。

从中国改革开放以来经济急剧发展和贫富分化程度的急剧增加，似乎验证了功能论的观点，即没有差异，导致了社会的停滞和经济发展。拉开贫富差距，经济迅速发展，功能论的反面证据是我国在计划经济和平均主义的分配制度下所出现的普遍的怠工和经济停滞；功能论的正面证据是改革分配制度后所出现的劳动积极性增强和经济快速发展。

  但是冲突论所强调的贫富分化的人为性质和政府政策的调节作用也是一个很重要的视角。在贫富分化程度逐渐扩大的过程中，应当强调政府调节。为了调动积极性，只要有一定差距就行了，不可以使差距变得太大，太固定。中国人最理解物极必反的道理，同时也最明白过犹不及的道理，用在贫富分化这个问题上，恰到好处。

第三章 农民工流动的原因及贫困特征

随着我国二元经济结构的转化，大量农村剩余劳动力向城市涌入，在我国转型期的特殊背景下，出现了一个特殊的群体——农民工。他们"告别了泥土，告别了爹娘"在城市闯荡，他们虽然"捧出绿波花海，托起楼盘的翅膀"，然而农民工本身的边缘称呼，实际也道出他们的社会地位以及由此而产生的一系列边缘性贫困特征。农民工贫困现象的日渐凸显，不仅对整个社会的经济、政治和文化生活产生重大冲击，而且也严重影响到和谐社会的建设。解读中国农民工贫困现象，进一步提出相应性的减贫对策，对构建和谐社会，具有重大的理论意义和实践价值。

第一节 流动人口概念的界定

在此需要说明的是，由于农民工本质上属于流动人口的范畴，其流动的原因与经济学意义上的流动人口的流动原因是相同的。

一 流动人口的概念

学科不同，对流动人口界定的视角自然也会不同。

人口地理学所研究的流动人口，就是指由于人口和生活资料在地域分布的不均衡所引起的人口在地理空间上位置的移动。[①]

社会学认为，所谓流动人口就是指"从一个社会集团转入另一个社会集团所引起自身社会地位变迁和社会结构变动的个体和群体"[②]。显然，社会学领域的定义比前者宽泛得多。

[①] 胡焕庸、张善余：《中国人口地理》，华东师范大学出版社1984年版，第343页。
[②] 吴明伟、吴晓：《我国城市化背景下的流动人口聚居形态研究》，东南大学出版社2005年版，第9页。

但是世界银行在东亚与太平洋地区的一篇研究报告中,将流动人口极其狭窄地限定为,在某一区域作短暂逗留的人口(如旅游者)。这其中并不包括一般意义的迁移人口和暂住人口。①

我国的一些学者将流动人口界定为:在一定时期内(通常指一年)不改变自身户籍状况,并且离开常住户口所在地在另一行政区域暂时寄居或临时外出的人口。可见,我国的流动人口主要是由暂住人口和差旅过往人口(如开会、旅游和中转的人口)两部分构成,迁移人口(在地理空间上改变常住户口所在地的长久性移动)则不包括在内。

不同学科和不同国家由于对"流动人口"有着不同的理解,因此便会产生认知角度(地理空间、社会地位和户籍管理)上的分化,以及在具体阐述上的差异甚至矛盾。

本书所采用的流动人口概念,是专指在一定时期内离开常住户口所在地,在另一行政区域暂时居住的暂住人口,尤其是改革开放后以谋生赢利为目的,自发在社会经济部门从事经济和业务活动的城市暂住人口,而不包括与户籍相伴随的迁移人口和短暂逗留的差旅过往人口。② 这其中,向各级城市流动并在城市中务工经商的农村剩余劳动力占据了主导的比重和地位。

二 流动人口的类型

流动人口的类型实际上包括三种:一是农村之间的相互流动;二是城镇之间的相互流动;三是农村与城镇之间的相互流动。在中国,大规模人口流动主要是农村向城镇的流动,城镇向农村的流动几乎不存在。本书主要研究农村向城市流动的那部分人口,即农民工。

第二节 流动人口发生的背景与原因

一 人口流动概况

人口的迁移和流动是全球性的现象,并非近现代人的专利,古已有

---

① 转引自《城市研究》1997年第7期。
② 吴明伟:《我国城市化背景下的流动人口聚居形态研究》,东南大学出版社2005年版,第10页。

之，农村人进城务工，虽然动机各不相同，但经济利益是第一位的。随着城市近代化的勃兴，城市成为工商业中心，城市在提供更多就业机会的同时，也使工农收入的差距进一步拉大，从而产生近代中国的"民工潮"。有学者根据已有统计资料，确定我国早期（20世纪20年代末到30年代初）的"民工潮"规模大约为1500万。[①] 由此不难想象近代中国的"民工潮"之巨大。

新中国成立后，我们开始实行计划经济体制，由于在具体政策的实施上给予城市多方面倾斜和照顾，城乡收入差距开始拉大，再加之大量来自农村的共产党干部进城生活巨变所带来的示范效应。于是，从1950年初中国出现了人口由农村向城市的大规模的自发流动，但这给中央政府控制的城市粮食供应系统带来了巨大压力。1956年后，粮食统购统销政策出台，其结果是几乎所有的人口自发流动宣告结束。之后的20多年中，中央政府组织了大规模的支边、"三线"建设和知识青年上山下乡，以图减少城市人口，增加内陆地区和边疆少数的人口。

改革开放后不久，我国出现了人口由农村向城市，由边疆和内地向沿海的大规模迁移。到了1979年，从1965年到1978年下乡的1500万名知识青年中的三分之一（即500万），按照国家的政策从农村返回城市，从边疆和内地返回到了沿海。上千万知识青年的下乡和随之而来的大规模返城，证明了两个重要的经济学和社会学问题：第一，中国的城市与农村在经济发展水平上确实存在着明显的反差，由此带来的社会地位的差异在"社会屏障"效应下也异常明显；第二，中国的城市由于中央计划经济体制成为纯粹的工业城市而失去了许多发展机会，城市并没有起到吸纳农村剩余劳动力、实现城市共同发展的目标。城市不仅不能解决自身的就业，而且也给财政收入十分短缺的中央带来极大的压力。

随着经济体制改革的不断深化，城市对外来劳动力的容纳能力日渐增强，农村劳动力开始大量流入城市。自20世纪80年代中期开始起，中国出现人口流动的浪潮，此浪逐年升高，进入20世纪90年代则形成波澜壮阔的流动大潮。

据统计，2012年农民工的总量达到2.52亿人，若加上非农户口的流

[①] 池子华：《中国"民工潮"的历史考察》，《新华文摘》1998年第10期。

动人口,我国流动人口的总量已超过3亿人。①

流动农民工在从乡村到城市,从农民到非农产业职工的流动中,其收入水平和经济地位得到显著提高,但其总体的社会地位没有发生相应的显著变化,社会身份也没有明显的变化。农民工经过职业分化,实际上已经分属于四个不同的社会阶层:即占有相当生产资本并雇佣他人的业主、占有少量资本的自我雇佣的个体工商业者、完全依赖打工的受薪者及农民工贫困人口。这种由于体制和政策的歧视所造成的大量陷入贫困状态的农民工,已成为整个城市贫困以至全国贫困的重要组成部分。一项在北京、无锡和珠海三市进行的调查表明,在北京,农村到城市流动人口中,25%的家庭处于贫困状态,在他们当中贫困人口的收入大约要低于贫困线30%;在无锡,农村到城市的流动人口中,12%的家庭处于贫困状态;在珠海,农村到城市的流动人口中15%的家庭处于贫困状态。②

二 流动人口发生的原因

经济发展过程,其实质也是一个社会空间组织的转化过程,社会最开始是一个相对分散的、以农业为主的社会,随着经济的发展,越来越多的经济活动开始变成为工业活动,并集中在城市地区。这种转化过程的主要方面是大量人口通过空间的流动从农村转向城市,人口流动是社会经济发展的必然结果,也是世界各国工业化、城市化过程中的共同现象。关于人口或劳动力流动问题,发展经济学有专门的理论模型论述,如二元经济模型、乔根森模型及托达罗模型,对人口流动的分析,最具代表性的是托达罗模型和推拉理论,这些理论表明,人口流动的加速是经济发展到一定阶段转轨过程中必然出现的,而且这些模型对中国大规模的人口流动也具有相当的解释意义。

(1) 发展经济学对人口流动的理论分析

在发展经济学中,关于人口流动的模型,有刘易斯二元经济模型、乔根森模型和哈里斯—托达罗模型等。最具代表性的模型则是托达罗模型。托达罗模型之所以"能主宰某个领域如此之久",一是该模型对移民

---

① 李长安:《职业流动过频影响户改效力》,《环球时报》2013年12月8日。
② 王奋宇、李路路:《中国城市劳动力流动》,北京出版社2001年版,第4页。

行为作了合理假设,即"潜在的移民将在比较迁移的预期效用和留在农村的预期效应后决定是否迁移";二是该模型对"农村和城市劳动力市场结构做出了与一些发展中国家实际情况比较相符",因而是"一些贫困国家研究结构转化的一个简单有力的模型"。

托达罗人口流动模型的基本思想是:一个农业劳动者是否迁入城市不仅决定于城乡实际收入差异,而且还决定于城市就业率或失业率,即农业劳动者向城市迁移取决于在城市获得较高收入的概率和相当长时间内成为失业者风险的权衡。

他假设:L_r 为农村人口,他们在固定数量的土地上从事农业生产。农业产出由生产函数 $g(L_r)$ 决定,并在国际市场上以每单位为1的价格出售,农村的劳动力市场是完全竞争的,所以,农村工资是:

$$w_r = g'(L_r) \tag{1}$$

如果城市劳动力在制造业部门就业为 (L_m),失业(可以认为是在非正式部门工作)为 L_u。将总人口规定为1,那么 $L_r + L_m + L_u = 1$。在这个模型中,城市中的失业人口只能够维持生存,他们主要从事小商品买卖、手工艺品制作,或者从事农业生产。假定:他们的工资为0,w_m 是由制度外生规定的制造业工资。那么,制造业部门的就业 L_m 是由以下固定工资的函数所决定,即:

$$w_m = f(L_m) \tag{2}$$

只有在城市居住的人才能够在制造业部门申请工作,他们得到工作的概率是工作的数量除以城市居民的总数。因此,城市居民的期望工资为:$Ew_m = \frac{L_m}{L_m + L_u} \times w_m$,即找到工作的概率乘以城市部门的工资。

当:$Ew_m > w_r$ 时,农村人口就会流入城市,寻求工作以提高收入,直到 $Ew_m = w_r$ 时,即:

$$w_r^*(L_m^* + L_u^*) = w_m^* L_m^* \tag{3}$$

城市部门和农村部门的预期工资相等时,人口流动达到均衡状态。

托达罗根据其模型和他进一步对城市失业动态均衡的分析,当人们从农业中迁移出来(提高了农村工资)并转入城市,劳动力市场的均衡就通过人口流动达到了,但这会导致城市非正式部门集中大量失业人口,降低城市中移民找到工作的概率,因而也降低了城市的期望工资。因此得出结论:增加城市就业机会必须与控制城市收入上升结合起来,否则,城市失业率很难下降。该模型的政策含义在于如何阻止城乡人口流动的规模和速度，以解决日益严重的城市失业问题。

但一些学者认为，制造业的工资由于政府管制或工会的力量外生给定并不完全符合实际情况。放松这个假设，本斯温格和斯密（Bencivenga and Smith）认为导致制造业部门较高的工资以及城市的非正式部门出现是雇主和被雇用者之间信息不对称的结果，并构建了一个逆向选择的简单模型，得出了与托达罗模型相同的观点。埃斯发哈尼和塞勒黑—伊斯发哈尼（Esahani and Salehi - Isfahani）从道德风险出发，构建了相似均衡的模型。

上述模型同样也存在许多不足，因为许多重要因素没有被考虑。首先，人口流动牵涉到前瞻性行为。人们在做出迁移的决定时，往往要考虑到他们在城市和农村居住时对未来前景的预期。其次，人口流动也与人们的选择有关。不是每一个人都会同时发现向城市迁移是最优的。往往是年轻人和教育程度比较高的人首先从农村迁向城市。最后，人口流动也涉及对工作的搜寻。以前的移民是潜在移民寻找住房和得到工作机会的主要信息来源，为新移民介绍潜在的雇主和放贷人，后来者迁移的成本和找工作的难度都会因此而下降。卡林顿等（Carringto et al.）的研究就模拟了这个方面。

卡林顿假设个人能够选择在城市还是在农村居住，把居住在每个地区的初始人口规定为1，M_t 是 t 时期居住在城市的（原有）农村人口数量，设 π_t 为 t 时期农村生产的利润，它取决于农村人口：

$$\pi_t = \gamma^y (M_t) \tag{4}$$

E_t 为时期 t 工业部门雇用的流动人口人数（$E_t \leqslant M_t$，因为流动人口需要寻找工作），w_t 为工业工资。制造业部门的反劳动力需求函数为：

$$w_t = \gamma^m (E_t) \tag{5}$$

γ^y 随 M_t 递增，γ^m 随 E_t 逆减，$\gamma^m (0) > \gamma^y (0)$。因此，在任何人口流动发生前，制造业部门的工资高于农村工资。时期 t 从农村到城市的人口流动成本为 $c(M_{t-1}, h)$。因此，移动成本取决于城市原有移民的就业量和 h，h 是关于潜在移民个人特点的指标（比如年龄和教育）。我们假设 $\partial c / \partial M < 0$，$\partial c / \partial h > 0$（为了简化问题，我们也假设 $\partial^2 c / \partial M \partial h = 0$）。

向城市迁移不一定能保证找到工作，在寻找工作的过程中，他们能够得到先来的、已经找到工作的移民的帮助,设 $p(E_{t-1})$ 是 t 期新移民找到工作的概率。先来的、已经找到工作的移民在帮助后来的移民找工作时就存在着外部效应,这反映在 $p'(\cdot)>0$ 的假设上(我们也假设 $p(0)>0$)。为了简化问题,他还假设任何在城市出生的人或已经找到工作的人能够一直被雇用。因此,如果一个无工作的人流向城市,他的预期收入的贴现值就是(我们假设没有找到工作时,工资为 0):

$$V^m(M_T, E_{t-1}, u) = p(E_{t-1})V^m(M_t, E_{t-1}, e) + \partial[1+p(E_{t-1})]V^m(M_{t+1}, E_t, u) \quad (6)$$

找到工作的城市居民的预期收入是:

$$V^m(M_t, E_{t-1}, e) = \gamma^m(E_t) + \delta V^m(M_{t+1}, E_t, e) \quad (7)$$

而留在农村的预期收入是:

$$V^r(M_t, E_{t-1}, h) = \gamma^r(M_t) + \delta \max[V^m(M_{t+1}, E_t, h, u) - c(M_t, h), V^r(M_{t+1}, E_t, h)] \quad (8)$$

只有在满足下面条件时:

$$V^m(M_t, E_{t-1}, u) \geqslant V^r(M_t, E_{t-1}, h) + c(M_{t-1}, h) \quad (9)$$

居住在农村的居民才会流向城市。

不等式(9)的右边部分随 h 严格上升,如果类型为 h 的人在时期 t 愿意迁移,那么所有 $h' \leqslant h$ 的类型都愿意迁移。当人口流动持续进行、移民的数量越来越多的时候,迁移的成本就会下降。同时,找到工作的移民数目也会上升,这样,新的移民找到工作的概率也就会上升。由于上述两个原因,更多农村居民就愿意迁移。这个过程将会一直持续,直到二者相等,达到均衡状态为止。

卡林顿还考虑了边际的农村工人($H \equiv F^{-1}(M)$),即在迁移和不迁移选择之间的无差异者的流动情况,最终达到一个稳定均衡状态:

$$\frac{\gamma^m(M) - \gamma^r(M)}{1-\delta} = C(M, H) + \frac{\gamma^m(M)[1-p(M)]}{1-\delta[1-p(M)]} \quad (10)$$

从中可得先来的移民帮助后来的移民从低效率的农村部门转移到高效的工业部门,这样就产生了外部效应。在这个模型中,这种好处以两种不同的形式表现出来:降低了人口流动过程的成本,此外,降低了寻找工作时所损失的预期收入。当然,在现实中这种效果是相互交织的——联系越紧密的移民社区在帮助新移民找工作和支持他们适应新的城市生活环境都会更有效。从特定的农村地区来的移民往往集中在特定的城市或城市的几个特定区域，这样他们就能够充分利用先来的移民所提供的好处。

（2）推拉理论与中国人口流动

"推拉理论"是研究流动人口以及移民的最重要的理论之一。在此方面有贡献的学者人数众多，如埃弗雷特·李、巴格内、缪尔达尔、特里瓦撒等。推拉理论认为，在市场经济和人口自由流动的情况下，人口之所以迁移，移民之所以搬迁，是因为人们通过搬迁可以改善生活条件。因此，在流入地的那些使移民改善生活条件中的因素就成为流动人口的拉力，而流出地的那些不利的社会经济条件就成为流动人口的推力，人口迁移就是在流动地的推力和流入地的拉力两种力量共同作用下完成的。当然，以往的研究也已经提出，流入地和流出地各自都有推和拉的两种因素，即流入地和流出地都同时具有吸引和排斥两方面的作用力，此外，在流入地和流出地之间还有中间障碍因素，比如流入地与流出地两个地方的文化差异，也会对流动产生影响等。

近年来，我国的人口流动，尤其是农民的外出有愈演愈烈的趋势，毫无疑问，城市的拉力与农村的推力是两股相辅相成的动力，这既表现在经济层面，又表现在社会层面。

从经济发展层面看，新中国成立以后，我们选择了优先发展重工业的非均衡经济发展战略，大规模的工业化建设，使城市经济获得了长足的进步；与此同时，国家对农业部门的投资严重不足，而且通过工农业产品剪刀差和各种摊派，使农业收益大量外流。这种状况的长期持续，使城市和工业部门的比较收益不断提高，而农村和农业部门的比较收益不断下降，从事农业生产的居民人均收入与从事非农业的居民的人均收入的差距不断扩大。

从社会生活层面看，计划经济时代，国家在流通、交换、分配、就业、赋税等领域对城市居民和农村居民采取截然不同的政策，甚至许多公共产品的价格和供应方式都不尽相同。比如说就业政策，政府劳动部门只管理城市劳动力的就业，对城市劳动力实行统一分配和安排工作，而农村劳动力只能是自然就业。另外，国家在教育、医疗、劳动保护、社会保障、养老、福利等领域对城乡居民的政策更是不同。比如说教育政策，同是实行九年制义务教育，城市中小学的教育设施由政府拨款建设，而农村中小学的教育设施则要乡村自筹资金建设，教育集资因而成为农民长期以来的沉重负担。

　　总之，计划经济时代，经济和社会结构的二元，农业经济和非农经济的显著差别使前者对劳动力排斥和后者对劳动力吸引；农村社会生活与城市社会生活的巨大反差导致前者对农村居民的推力和后者对农村居民的拉力。随着改革开放，特别是随着计划经济体制向市场经济体制的转轨，行政干预经济现象的日渐减少和市场调配资源能力的日渐增强，必然不断将农民从比较收益低的农业推向比较收益高的工业，从资源较少的农村推向资源雄厚的城市。

　　造成农民工外出的推力因素，首先是农民收入的相对下降。1978—2000年间，农民居民家庭人均纯收入和上年相比较的增长情况便能清晰地反映出这一变化轨迹。人均纯收入（和上年相比）的年均增长情况为：1979年19.91%，1980年19.41%，1981年16.78%，1982年20.90%，1983年14.70%，1984年14.69%，1985年11.91%，1986年6.59%，1987年9.16%，1988年17.78%，1989年10.39%，1990年14.10%，1991年3.25%，1992年10.64%，1993年17.55%，1994年32.49%，1995年29.21%，1996年22.08%，1997年8.52%，1998年3.44%，1999年2.23%，2000年1.94%。[①] 上述数据可以看出，20余年来，农民收入的增长曾出现两个高峰期，一个是在农村实行联产承包责任制后，在几乎整个20世纪80年代，农民的收入有了较快的增长，很多年份的增长率都达到了两位数字百分点。另一个高峰期是20世纪90年代，邓小平南方谈话以后，经济迅速增长，在90年代中期，人均纯收入增长竟高达30%左右。但到了90年代后期，情况急转直下，到2000年，仅比1999年增长1.94%，其结果是导致农民大规模外出。

　　与此相比，城市居民的收入持续高速增长所导致的城乡收入差距的持续扩大（达到新中国成立以来的最高值），成为拉动农民进城的强势因素。从我国城乡居民的人均消费水平的对比看，在改革开放以前，城市居民的消费水平是农村居民消费水平的2.9倍；改革开放初期，由于农村经济体制改革的实施，二者的倍数有所下降，最低时曾降至2.2—2.3倍。但是随着市场改革在城市的逐步推进，到20世纪90年代初期，城乡消费差距比例不断攀升，到20世纪90年代末期21世纪初叶，已经超过

　　[①] 国家统计局：《中国统计年鉴》(2001年)，中国统计出版社2001年版，第304页。

3.8倍。在城乡经济差距如此巨大的情况下,农民进城以后,即使在最差的情况下,也可以分沾到一点城市中的经济利益,运作好的话甚至可以获得巨大的经济利益。所以,以经济利益驱动为核心的推力和拉力,两者都是十分巨大的。当然,城市不仅对流动人口具有强大的拉力,其对流动人口的推力也不可小视。与此同时,农村对于农民工的吸引力却十分弱小,总体上说,城市拉力和农村推力这两种力量相权衡,农村中的推力所起的作用更大一些。

我们一般分析农民工流动时,往往将经济收入的驱动力量放在第一因素,事实上各种非经济因素同样也不可忽视,农民工也非常看重"见世面",寻找"发展机会"。20世纪80年代,农民通常是与过去没有承包时比较,而不是作横向的比较。20世纪90年代后,农民开始与外出的老乡比较,甚至与城里人比较,所以"见世面"和"发展机会"和其他非经济因素就变得愈加重要。

但我们用推拉理论对农民工的流动解释时,有几点必须明确:

第一,国际上农村人口迁移的重要原因在于农村暴力,诸如农村中的各种冲突、治安混乱、不稳定和社会局势紧张等。但在中国,农民向城市的流动,并没有上述方面的显著数据支撑。相反,中国学者所作的一系列社会调查数据恰好与国际经验相反,即农民工所在乡村的治安状况要比他们现在居住的城市要好。①

第二,国际上人口大规模由农村向城市转移,大多是因为农村人口增长过快,但在我国情况却有所不同。我国虽然受到20世纪80年代以前高人口出生率的影响,但在20世纪80年代以后,由于计划生育政策的广泛推行,所以近20年来城乡人口出生率均出现大幅度下降。

第三,国际上人口大规模向城市迁移、集中,往往与农民失去土地密切相关,但在我国情况则不尽相同。中国实行联产承包责任制以后,土地承包给农民,承包后几十年不变。同时,不存在国际上那种因为失去土地而不得不流入城市的农民。恰恰相反的是,很多农民不愿意承包土地,或者索性将土地转包给他人,或者甚至撂荒不种。中国的个案证明,农民在没有失去土地的情况下,也要大量涌入城市,土地并不能留住农民,和国际上那种失去土地的农民相比较,中国农民具有更大的优

---

① 李强:《农民工与中国社会分层》,社会科学文献出版社2004年版,第53页。

势,即土地成为流入城市农民的最后一道保障。

第三节 农民工的边缘特征及贫困状况

一 农民工的边缘特征

进城农民工,虽然从一定程度上已从传统的农民群体中分化出来,并且获得较之农村而言的比较高的收入和较之以前截然有别的新的职业,但"由于体制上的隔离、生活环境、职业技能和生活方式上的差异,他们一直被作为一个游离于主流社会的特殊群体来对待。和城市居民相比,他们在物质文化条件、工作环境、社会身份、福利待遇、社会交往和生活方式等方面均处于弱势。在城市经济和文体生活中,他们是一个相对贫困的群体"[①]。和城市居民相比,他们不仅在社会身份,而且在社会地位上都被边缘化。这种边缘化具体表现在如下几个方面:

第一,社会身份边缘化:职业和身份错位。农民工的职业身份是工人,但户籍身份是农民。理论上,根据人们获得社会身份方式的不同,将社会身份分为两类:一类是先赋性身份,指基于遗传、血缘等先天或生理因素而获得的身份,比如户籍身份,它是通过户籍制度获得,且不能轻易发生改变的一种社会身份;另一类是自致性身份,是指基于个人后天的活动和努力而获得的身份。比如职业身份,它是通过职业性质而确定,且伴随着职业的变化而改变的一种身份。

改革开放以前,即在计划经济体制时期,在中国社会的阶层结构中,人们的户籍身份和职业身份紧密相连,表现出很强的一致性,职业身份的改变通常伴随着户籍身份的变迁。改革开放以来,特别是随着经济体制从计划经济向市场经济的过渡,中国的社会结构发生分化,人们的职业身份和户籍身份开始分离,这一点尤为显著地表现在农民工阶层上。农民工流入城市后,继续从事农业生产的只占1%,而从事非农业生产的占99%。[②] 农民工通过从农村向城市的流动,已经实现了从农业劳动者向非农劳动者的转变。虽然他们完成了从农民到工人的职业身份的转变,

---

① 朱力:《社会问题概论》,社会科学文献出版社2002年版,第457—458页。
② 刘祖云、戴洁:《农民工:转型中的中国社会的特殊阶层》,《新华文摘》2006年第10期。

但他们并没有实现户籍身份的同步转换,依然是农村居民。这种特殊社会身份使他们难以被城市社会所接纳,往往是城市社会最直接的排斥对象,他们在城市中的基本权利很难得到保障,他们虽然居住在城市,工作在城市,但在制度上他们不是城市社会的一员。从动态的角度来看,即使一部分农民工似乎已经在这个不属于他们的城市中安顿下来,甚至在诸如建筑业等行业中成了一线工人的主体,但僵硬的户籍制度自然将他们排斥在所工作和生活的城市之外,是标准的城市边缘群体或城市中的农民。

一些学者对农民工所作的问卷调查——农民工对自己身份的定位(见表3-1),从另一个侧面作了验证。

表3-1　　　　　　　农民工对自己身份的定位

身份定位	频　数	百分比(%)
农民	173	57.7
半个城市人	118	39.3
城市人	9	3.0
合计	300	100.0

资料来源:刘祖云、戴洁:《农民工:转型中的中国社会的特殊阶层》,《新华文摘》2006年第10期。

从表3-1可以看出,"农民工对自己身份的定位"栏目中,只有3%的人认为自己是"城市人",这说明绝大多数的农民工仍然将自己视为农民,这当然主要是制度层面考虑的,也就是说,尽管他们的职业性质已经改变,但他们的职业变动只是在操作层面得到社会的认可,即改革中的某些具体政策或措施允许这种职业变动,而没有在制度层面得到社会的认可,制度仍然认为或承认他们是农民。

第二,社会地位边缘化:强势和弱势换位。城市农民工是农村中典型的精英群体,与未流出的农民相比,他们具有年龄、教育等多方面的优势,是农村中的优势群体,但这个精英群体在城市却长期属于社会的底层,他们的就业大多局限于收入低、环境差、待遇差且极不稳定的"次属劳动力市场",主要在城市的边缘部门就业,他们属于城市中的弱势群体。从理论层面上讲,衡量社会地位的依据一般是社会资源。现代社会中最重要的社会资源有三种,即经济收入、政治权利和职业声望。同时,由于科学技术的飞速发展和进步,全球经济从产业经济向知识经济过渡，人类社会从工业社会向信息社会转型，知识和信息开始成为新兴的重要社会资源。因此，我们将衡量社会地位的标准调整为四个变量，即经济收入、政治权利、职业声望、获取知识和信息的能力。

首先，我们从最重要的衡量指标经济地位来看。如果参照家乡农民，他们在其当地农村属于中等偏上阶层，属于强势群体。调查表明（见表3-2），农民工在与家乡农民相比时，认为自己属于中层的占44%，属于中上层的占32.8%，属于上层的占16.6%，而认为自己属于中下层和下层的只占5.2%和1.2%。从职业分布上看，认为自己属于上层的民工中，主要从事餐饮业、集市贩卖、当裁缝和从事修理服务业；认为自己属于中下层或下层的农民工中基本是酒店、宾馆的打工者和家庭保姆，上述职业如果以城里人的眼光看，绝大部分属于边缘部门。

表3-2　　　　　（与家乡农民相比）农民工的经济地位

职业分类	下层	中下层	中层	中上层	上层	合计（%）
建筑业打工	0.16	2.98	43.66	35.47	17.82	100.00
工业企业打工	1.14	6.06	41.67	38.26	12.88	100.00
机关、院校、医院	1.90	8.06	51.66	28.44	9.95	100.00
酒店、宾馆等单位	4.29	12.27	50.92	27.61	4.91	100.00
家庭保姆	1.82	9.09	61.82	21.82	5.45	100.00
经营餐饮业	0.00	2.27	9.09	31.82	56.82	100.00
修理服务业	4.26	2.13	38.30	25.53	29.79	100.00
集市贩卖	0.00	0.00	25.53	31.91	42.55	100.00
裁缝、制衣	0.00	0.00	45.45	21.21	33.33	100.00
其他	0.00	8.33	25.00	41.67	25.00	100.00
总体	1.20	5.27	44.03	32.82	16.68	100.00
N	18	79	660	492	250	1499

资料来源：李培林：《流动民工的社会分层和社会地位》，www.China.org.cn。

农民工对自己经济地位的评价（见表3-3），如果与其所在城市（以济南市为例）的居民相对比，评价结果明显低于与家乡农民相对比时的评价，总体样本中有23.6%的民工认为自己是城市社会的下层，37.6%认为是中下层，28.4%的民工认为是中层，7.9%的民工认为是中上层，只有2.5%的民工认为自己是上层。出人意料的是，三资企业的民工对自己在城市中的经济地位评价最低，认为自己是下层的民工占40.0%。

表 3-3　　　（与所在城市的居民相比）农民工的经济地位

所有制类型	下层	中下层	中层	中上层	上层	合计（%）
个体工商户	9.90	17.00	38.50	23.10	11.50	100.00
国有单位	23.80	51.70	22.10	2.100	0.40	100.00
集体单位	25.50	33.30	32.70	6.700	1.50	100.00
私营企业	25.70	35.90	25.30	10.60	2.40	100.00
三资企业	40.00	31.40	20.00	8.600	0.00	100.00
其他	50.00	0.00	0.00	50.00	0.00	100.00
总体	23.60	37.60	28.40	7.900	2.50	100.00
N	353	563	426	119	37	1498

资料来源：李培林：《流动民工的社会分层和社会地位》，www.China.org.cn。

其实对农民工社会地位的评价，还可以用另一个指标，即农民工对自己进城后的公平感来进行衡量。从总体比例上看，农民对进城的公平感与其自身（和城市居民相比）经济地位的评价大致相同。认为对自己待遇很不公平和不太公平的比例超过31%（见表3-4）。

表 3-4　　　　　农民工对进城后待遇的公平感

所有制类型	很公平	比较公平	不太公平	很不公平	合计（%）
个体工商户	1.10	71.43	27.47	0.00	100.00
国有单位	4.34	70.25	23.35	2.07	100.00
集体单位	3.27	60.07	34.12	2.54	100.00
私营企业	2.06	65.43	29.63	2.88	100.00
三资企业	0.00	59.94	41.18	5.88	100.00
其他	0.00	100.00	0.00	0.00	100.00
总体	3.07	65.51	29.21	2.21	100.00
N	46	980	437	33	1496

资料来源：李培林：《流动民工的社会分层和社会地位》，www.China.org.cn。

其次，从衡量社会地位的四个综合变量看。如果与农村居民相比，属于强势群体（见表3-5），但与城市居民相比，则明显属于弱势群体（见表3-6）。

从表3-6可以看到，与农村居民（没有流动经历的农民）相比，"农民工对自身社会地位的认同"较高，"经济收入"认同"中等及以上地位"的为90.7%，"政治权利"认同"中等及以上地位"的占76.3%，"职业声望"认同"中等及以上地位"的占84.9%，"获取知识和信息的能力"认同"中等及以上地位"的占85.0%。但是，农民工的这种优势地位进入城市则发生明显逆转。从表3-6可以看出，与城市居民相比，"农民工对自身社会地位的认同"较低，"经济收入"认同"中等及以下地位"的为94.3%，"政治权利"认同"中等及以下地位"的为99.0%，"职业声望"认同"中等及以下地位"的占95.3%，"获取知识和信息的能力"认同"中等及以下地位"的占96.6%。

表3-5　　　　（与农村居民相比）农民工对自身社会地位的认同

地位认同（%）	上层	中等偏上	中等	中等偏下	下层	合计
经济收入	7.0	36.7	47.0	9.0	0.3	100.0
政治权利	2.7	12.3	61.3	17.3	6.3	100.0
职业声望	5.3	30.3	49.3	13.3	1.7	100.0
获取知识和信息的能力	9.0	41.3	34.7	11.0	4.0	100.0

资料来源：刘祖云、戴洁：《农民工：转型中的中国社会的特殊阶层》，《新华文摘》2006年第10期。

表3-6　　　　（与城市居民相比）农民工对自身社会地位的认同

地位认同（%）	上层	中等偏上	中等	中等偏下	下层	合计
经济收入	0.0	5.7	24.3	41.3	28.7	100.0
政治权利	0.0	1.0	14.3	23.0	61.7	100.0
职业声望	0.3	4.3	23.3	37.0	35.0	100.0
获取知识和信息的能力	0.3	3.3	33.3	36.3	27.0	100.0

资料来源：刘祖云、戴洁：《农民工：转型中的中国社会的特殊阶层》，《新华文摘》2006年第10期。

第三，制度边缘化："一城两制"。和城市居民相比（甚至和国际上非法迁移相比较）[①]，由于二元社会制度下的农民工体制，使他们和城市居民相比，同工不能同酬，同工不能同时，同工不能同权，经济上没有福利，政治上没有地位。他们不仅不能获得平等的公共服务，甚至倾向于和城市经济和社会生活相隔绝，从而被边缘化。其主要表现就是农民工在职业、岗位和居住等方面具有同质性。造成这一格局的重要原因，一是就业渠道的非正规化；二是现代城市对农民工的公开或隐性歧视。

---

① 由于存在户籍制度这样一个特有的制度环境，因此农民工进城打工实际是一个争取公民身份的过程。国际劳动力非法流动的一个重要特点是，迁移者通常不能获得合法的工作机会和永久的居住许可，这一点与中国目前的迁移者（即农民工）待遇相当类似。

在目前的流动人口迁移中,其中75.8%的省内迁移者,82.4%的跨省迁移者就业信息的获得是通过住在城里或者在城里找工作的亲戚、老乡那里获得的。① 同时,许多城市公开或隐蔽地执行对外地劳动力就业岗位的限制,这两方面的原因使进城打工者的职业类型和就业岗位趋同,迁移后的劳动力一般不能进入到比较正规的部门就业,大多数受雇于非国有经济部门和一些非正规部门,从事非熟练性的劳动。1993年上海市第五次劳动人口抽样调查数据显示,上海市迁移劳动力大多从事的是本地受过教育和有本地户口的人不愿意干的"艰苦而又脏"的工作,诸如建筑业和手工劳动。上海市1/3的本地劳动力从事的是专业技术、政府和企业的领导、办公室办事人员等白领工作,而农村劳动力中只有3%的人从事这类工作。② 在政府和社区的公共服务把外地劳动力排除在外的情况下,他们倾向于聚居并且形成自我服务、自我管理的机制。

这种边缘化的直接后果就是收入、社会保障的巨大反差。首先是收入和待遇歧视,"同工不同酬"现象相当普遍。上海市的调查数据显示,外来工的劳动生产率比城里职工通常要高50%以上,加上企业需要为本地正式合同工负担的各项保障费用。总的算来,本地劳动力与外地劳动力的用工成本相差约达到5:1。③ 一项基于武汉市的调查表明,外来劳动力与本地劳动力的收入存在明显的分层,户口登记状况及单位性质对劳动力的(工资)收入有着显著影响。④ 一项在六城市所作的调查表明,农村迁移劳动力和城市本地劳动力工资差异的76%是由不公造成的。⑤ 其次是基本养老保障,职工医疗保险、失业保险和最低生活保障上的反差。这几类社会保障所涵盖的都是本地户籍人口。此外,流动人口的住房、子女的基础教育也得不到应有的保证,以致不得不支付额外的费用,或者被排斥在服务以外。问题的严重性还在于:流动人口在物质上处于边缘化处境的同时,还承受着无端的文化歧视,新闻媒体经常

---

① Cai, Fang (1999), "Spatial Patterns of Migration under China's Reform Period", Asian and Pacific Migration Journal, Vol. 8, No. 3.

② Roberts, Kenneth D. (2001), "The Determinants of Job Choice by Rural Labor Migrants in Shanghai", China Economic Review, 12: pp. 15—39.

③ 北京大学课题组:《上海:城市职工与农村民工的分层与融合》,《改革》1998年第4期。

④ 杨云彦、陈金永:《转型劳动力市场的分层与竞争》,《中国社会科学》2000年第5期。

⑤ 王美艳:《转轨时期的工资差异:歧视的计量分析》,《数量经济技术经济研究》2003年第5期。

把外来劳动力与城市的过度拥挤、混乱、犯罪、暴力和高生育率联系在一起。①

二 农民工的贫困现状

我们知道,户籍是将农村人口与城市人口的身份识别开的最重要标志。20世纪90年代以来,几乎所有地区都进行了户籍制度改革,只是改革的力度不尽相同。但是,户籍制度依然存在,并未从根本上得到消除。同时,尽管农民工在城市生活中越来越起着不可替代的重要作用,但户籍制度的存在决定了农民工与城市人口在身份上还有着本质差别,仅仅因为这一差别,与城市人口相比,农民工的生活和工作状况要差得多,很多农民工陷入贫困状态。随着经济的发展,越来越多的农村劳动力会流动到城市。相应地,农民工中的贫困人口的数量也会越来越多。与前述贫困的定义相吻合,农民工的贫困不仅表现在表象层次上的物质贫困,还有更深层面的人文贫困。

(1) 农民工的经济贫困状况

调查显示,在北京的农村流动人口中,贫困范围三倍于当地人口,有25%的农村流动人口的家庭处于贫困状态,而当地家庭中只有8%。即使在珠海,也有15%的农村流动人口处于贫困状态,而当地的贫困人口比率仅为9%。② 当然,我们对农民工的贫困考察,仅仅局限于从收入的角度而进行的简单的数量计算,对农民工贫困状况的考察,还应考虑其他变量,诸如住房、社会保障等。

第一,收入状况。以济南市为例,通过对1504名流动民工进行的调查显示,流动民工的平均工资比城市居民要低得多。从流动民工的收入分层结构看(见表3-7),月净收入低于200元的为12.42%,③ 月净收入在201—300元和301—400元的民工所占比重最高,分别为27.99%和25.73%。其次是401—500元的,占17.61%。月净收入在501—600元和600元以上的分别为6.08%和10.17%。在农民工内部,工资又有较大

---

① 蔡昉、白南生:《中国转轨时期劳动力流动》,社会科学文献出版社2006年版,第19页。
② 李培林:《农民工:中国进城农民工的经济社会分析》,社会科学文献出版社2003年版,第122页。
③ 济南市1996年的最低保障标准为每人每月140元,1998年提高到208元,亚洲银行所估算的山东省城市贫困线标准为年人均收入2566元。由此可见,民工工资低于最低保障标准和贫困线占的比例均比各种数据推算出来的城市贫困率都要高。

差异。从事建筑业、服务业和家庭保姆等行业的农民工比自我雇佣的流动人口的工资要低得多。例如，从事建筑业的民工的平均月收入为450.27元，保姆的平均月收入只有108.43元，而饭馆老板的平均月收入高达1361.78元，裁缝的平均月收入也达994.55元。在北京、无锡和珠海三市进行的调查表明，即使不考虑住房等实物福利在内（而这种福利至少对于就业于国有企业的城市居民来讲至关重要），农民工的小时工资也大大低于城市本地居民，而且当地的平均工资水平越高，工资差距就越大。①

表3-7 流动民工内部收入分层结构

职业结构	%	所有制结构	%	收入结构（元）	%
建筑业打工	41.29	个体工商户	12.20	≤200	12.42
工业企业打工	17.62	国有单位	32.14	201—300	27.99
机关、院校、医院	14.03	集体单位	37.06	301—400	25.73
酒店、宾馆等单位	10.90	私营（民办）	15.97	401—500	17.61
家庭保姆	3.72	三资企业	2.36	501—600	6.08
经营餐饮业	2.99	其他	0.27	>600	10.17
从事修理服务业	3.12				
集市贩卖	3.12				
裁缝、制衣	2.19				
其他	0.80				
合计	100	合计	100	合计	100

资料来源：李培林：《流动民工的社会分层和社会地位》，www.China.org.cn。

一项在北京、长春、南京、天津、武汉和西安六个城市进行的调查表明，农村迁移劳动力的小时工资（即工资率）为2.79元，大大低于城市本地劳动力的3.37元。②

事实上，农民工更为严峻的在市场上受歧视、就业权益遭侵害所反映出的经济贫困还表现在两个方面：其一，在城市居民工资水平呈刚性增长的同时，农民工的工资几乎没有提高。农民工超时劳动却得不到报酬的现象很普遍，一些企业还滥用试用期制度，以低廉工资试用农民工并很快辞退再聘新人。其二，农民工工资被拖欠的问题非常严重。如广

---

① 王奋宇、李路路：《中国城市劳动力流动》，北京出版社2001年版，第106页。
② 蔡昉：《中国人口与劳动问题报告》，社会科学文献出版社2003年版，第188页。

东东莞市在对133家各类企业检查中,存在拖欠工资情况的企业有101家,欠薪总额3039.12万元,可想而知全国情况多么严重①。

第二,住房情况。和城市居民相比,农民工人均住房面积、住房条件大大低于城市居民,但住房费用却高于城市居民。② 一项在珠江三角洲进行的外来农民工的调查表明,82.9%的人住在工人宿舍,1.3%的人借住在亲戚家,15.8%的人租房住。就打工者对住房条件的主观看法和满意程度看,认为自己的住房条件很好的占11.4%,较好的占51.1%,不太好的占35.9%,很不好的占13.3%。③ 在北京、无锡和珠海三市进行的调查表明,流动人口多数人住房条件十分恶劣。④ 在北京和珠海,每10个农村流动人口家庭中有7个生活在低级标准的住宿条件下,例如共享单元间、工棚或宿舍。流动者不得不在私人市场上租房,价格往往高于正规福利价格的数倍到数十倍,农民工平均支付的费用大约是当地人口的两倍。⑤浙江省的调查发现,杭州市外来务工妇女中,52.6%的人租住私房,居住条件极为简陋。宁波市一部分"打工妹"集中居住在城乡结合部的"城中村"及废弃的农舍,各种设施不健全,成为"脏、乱、差"的典型。

第三,社会保障状况。社会保障包括养老、医疗和最低生活保障各个方面。和城市居民相比,农民工在这些保障获得上的差距远远大于收入上的差距。其一是在养老保障的享受上。和城市居民相比,他们所占的比例极低。在珠江三角洲进行的外来民工的调查表明,厂方为打工者办理的养老保险的比例仅为3.9%。⑥ 在北京、长春、南京、天津、武汉和西安6个城市进行的调查表明,农民工中,工作单位为其提供养老保险的比例仅为14%,而城市本地职工中,这一比例却高达88%。⑦ 其二是在医疗保障的享受上。和城市居民相比,他们所占的比例仍然很低。

---

① 王雨林:《对农民工权利贫困问题的研究》,《青年研究》2004年第9期。
② Wang, Feng and Zuo, Xuejun, "History's Largest Labor Flow: Understanding China's Rural Migration Inside China's Cities: Institutional Barriers and Opportunities for Urban Migrants", AEA Papers and Proceedings, Vol. 89, No. 2, May 1999, pp. 276—280.
③ 北京农民工课题组:《珠江三角洲外来农民工状况》,《中国社会科学》1995年第4期。
④ 王奋宇、李路路:《中国城市劳动力流动》,北京出版社2001年版,第84页。
⑤ 蔡昉:《中国人口与劳动问题报告》,社会科学文献出版社2003年版,第189页。
⑥ "外来农民工"课题组:《珠江三角洲外来农民工状况》,《中国社会科学》1995年第4期。
⑦ 蔡昉:《中国人口与劳动问题报告》,社会科学文献出版社2003年版,第191页。

珠江三角洲的外来农民工中，在医疗待遇上，工伤待遇最好，可以全部或部分报销的比例为72.1%；女工孕产待遇最差，可以全部或部分报销的占17.9%；常见病（小病）有报酬待遇的占23.0%，重病可报销的占33%。在病假期间，有12.9%的人能够得到厂方的生活补助。① 李强的调查显示，93%的农民工生病后单位分文未付，只有7%的人得到过单位支付的药费。② 在济南市对1504名流动民工进行的调查显示，流动民工中享有免费或半免费医疗待遇的只占8.3%，只是在三资企业中，享有此待遇的民工的比例略高一些，达到28.5%。在北京、长春、南京、天津、武汉和西安六个城市进行的调查表明，在农民工中，工作单位为其提供医疗保险的比例仅为20%，而城市本地区职工中，这一比例却高达50%。③ 最后是农民工不能享受失业保险与最低生活保障。虽然我国颁布了《失业保险条例》，从法律层面上对失业人员进行保护，拓宽了失业保险的范围，但是失业保险适用范围只是城镇职工，并未将农民工包括在内。农民工从失去工作到再次就业期间，只能自己负担生活及其他一切费用，而没有任何补偿。即使城市居民最低生活保障制度，从这一制度的名称上就可以看出，它是针对城市居民实施的保障措施，根本不可能惠及到没有城市户口的流动人口。李强2000年调查显示，33.5%的农民工遇到过失业问题，是城市中失业比率最高的阶层。2002年调查时这一比例达45.4%；2000年和2002年，有32.9%—36.3%的农民工出现过身无分文的现象。④ 但是农民工既不能享受失业保险，也不能享受城市最低生活保障制度，在面对失业时，他们的生活和经济状态非常窘迫。

（2）农民工的人文贫困状况

第一，文化权利的贫困。农民工的文化权利主要指受教育的权利，文化权利贫困主要表现为子女在义务教育阶段难以接受良好的教育和农民工自身职业教育的缺乏，这已严重影响到农民工及其子女的发展能力。

2003年1月，原国家劳动和社会保障部对山东省青岛、烟台和威海等城市的603家用工企业的调查显示，用工岗位要求具备初中以上文化程度的占85%，56%的岗位要求达到初级工以上水平。但据有关部门的

---

① "外来农民工"课题组：《珠江三角洲外来农民工状况》，《中国社会科学》1995年第4期。
② 李强：《不得已的非法生存》，《改革内参》2003年第2期。
③ 蔡昉：《中国人口与劳动问题报告》，社会科学文献出版社2003年版，第191页。
④ 李强：《不得已的非法生存》，《改革内容》2003年第2期。

调查，进城农民工具有初中以上文化程度的只占11%，70%以上的人没有经过任何培训。① 在2001年新转移的农民劳动力中，受过专业技能培训的只占18.6%。农民工素质差、缺乏培训，使他们不能形成一支相对稳定的技术工人队伍。对于农民工自身来说，职业教育缺乏使他们进城找工作难的问题更加突出，进了城也难以稳定下来，对他们在城市的发展极为不利。

农民工子女的教育问题也不容乐观，农民工子女在城市求学，经历了最初被排斥，到后来的自我解决，再到现在的有限接纳。现在农民工子女主要通过在城市私立学校、公办学校和农民工子女简易学校三种方式受教育。② 能进入城市私立学校的只限于在城市发大财的农民工子女，其数量非常少。城市公办学校对农民工子女的吸纳能力和吸引力有限，城市公立学校收费太高，农民工难以承受，名目繁多的借读费、赞助费、书刊费、校服费、活动费等，让农民工望而却步；即使进入学校，也难融入其中，因为部分农民工子女成绩普遍差，加上个人卫生习惯、交际方式的差异，在同学中易被"孤立"，老师也不喜欢他们，教学费劲、成绩拉班级后腿，因而他们常遭斥责、歧视，受到不平等待遇。这样看来，进入农民工子女简易学校是农民工子女接受教育的主渠道。农民工子女简易学校，又称打工者子弟学校，收费低廉，教学符合农民工子女的特点，受到农民工的欢迎。但是其创办门槛太高，绝大多数打工者子弟学校在非法状态下生存和发展，经常受到各种清理、整顿和强行拆散、取缔。对于大多数农民工子女来说，在城市公立学校不易进、多数打工者子弟学校不合法的情况下，其教育权利的贫困问题十分突出。

第二，政治权利的贫困。农民工的政治权利可以分为两方面。其一，农民工作为公民的选举权问题。其二，农民作为一个劳动者或者已经居住到城市中的居民，他在生产和生活过程中怎么行使自己的公民权利。农民工尽管在城市居住与生活，他仍然被当作农民，而作为农民，法律规定的选举权和被选举权与城市居民相比是不平等的。我国1995年修正后的《中华人民共和国全国人民代表大会和地方各级人民代表大会选举法》第十六条规定："省、自治区、直辖市应选全国人民代表大会代表的

---

① 江立华：《论农民工在城市的生存与现代性》，《郑州大学学报》2004年第1期。
② 王春光：《农民工的国民待遇与社会公正问题》，《郑州大学学报》2004年第1期。

名额,由全国人民代表大会常务委员会按照农村每一代表所代表的人口数四倍于城市每一代表所代表的人口数的原则分配。"从选举权和被选举权来看,一个农民仅相当于四分之一个城市居民,这意味着农民的政治权利先天就低城市居民一等。而对于农民工来说,就连这不平等的权利都未必能得到。因为按照现行选举制度,他们只能在户籍所在地选举和被选举。被排斥在务工所在地的政治生活之外。他们中的大多数人长期离乡,割断了与家乡的政治联系,无法得到参选信息,更不可能成为被选举人。

事实上,农民工政治权利的贫困还包括组织权利的贫困,农民工被各种社会组织排斥在外,成为一个既缺乏保护也缺乏约束的社会群体。据调查,农民工只有11.9%的人加入城市的一些组织。[①] 农民工并非不想成立代表自己权益的组织,但自发形成的组织不仅难以得到相应的扶持,而且极易被扣上"非法组织"的帽子,从而被迫解散。农民工没有自己的组织,难以参政议政,社会就难以听到他们的声音,无法维护自身权利。

第四节 农民工贫困的原因

城市农民工的贫困是一个非常复杂的问题,这其中既有宏观层次上的我国城市化的特殊发展所产生的影响;又有也是关键性的制度层次上的影响,同时也有微观层次上的人力资本存量多寡的影响。这三种因素综合地影响着城市农民工的贫困。

一 中国城市化的特殊发展对农民工贫困的影响

城市化水平与工业化水平及经济社会发展水平之间的关系通常表现为两种情况:其一,正常状态。如果城市化水平与工业化水平的经济社会发展水平同步运行,则说明二者处于良性互动,正常状态。其二,异常情况。这又分为两种情形:一是城市化滞后;二是城市化局部性过度。目前中国城市化发展的一个特殊现象是,我国城市化发展既有总体上的

[①] 王春光:《新生代农村流动人口的社会认同与城乡融合关系》,《社会学研究》2001年第3期。

滞后性，同时又存在局部上的超前性，滞后性和过度性并存。① 这两种异常情况，都对农民工贫困产生影响。

第一，城市化水平滞后，压缩了农民工的就业空间。无论与自身工业化速度比较，还是与同期世界城市化水平比较，我国的城市化水平都明显滞后。根据钱纳里和塞尔昆的研究，1950—1970年发展模型中城市化水平与工业化水平具有一定的统计规律（见表3-8）。

表3-8　　　不同发达程度国家的城市化水平和工业化水平

人均GNP水平（美元）	城市人口占总人口的比重（%）	制造业占GNP的比重（%）
≤100	12.8	12.5
200—300	22.0	14.9
300—400	43.9	25.1
400—500	49.0	27.6
500—800	52.7	29.6
800—1000	60.1	33.1
1000	63.4	34.7
>1000	65.8	37.9

资料来源：Chenry, M. Syrquin, Patterns of Development, 1950—1970, p.38.

以此模型标准衡量，中国城市化水平应该高于65.8%，但实际情况并非如此。以2012年为例，中国GDP为519322亿元，人均GDP为38354元，人均GDP达到6100美元，但城镇化率仅为52.57%。这说明中国城市化率水平滞后于工业化水平。城市化发展水平的滞后所产生的效应是，制约了经济的发展，产业结构的调整升级和就业规模的扩大，尤其成为当前解决农村失业问题的瓶颈，由此而导致的农民工贫困自然就在情理之中。

第二，城市化水平发展的局部性过度，容易产生贫民窟。所谓局部性的过度城市化，是指我国一些城市在农村流动人口大量涌入的情况下，城市人口急剧上升，超过城市经济发展需要和城市基础设施的能力，表现出城市化早熟和畸形发展的现象。这种情况被一些社会学家称之为"城中村"现象，在一些城市的城郊结合部或者繁华市区内形成和聚集外

---

① 王朝明：《城市化：农民工边缘性贫困的路径与治理分析》，《社会科学研究》2005年第3期。

来农民工进行生产、生活的特定区域。如北京的浙江村、安徽村、四川村，广州的石牌村、瑶台村、三元里村等。中国城市中以"城中村"形式的贫民区已初见端倪。由于我国农村剩余劳动力向城市流动，采取的不是世界各国在城市化进程中普遍采取的劳动力和人口转移的方式，而是采取了农民工流动的形式。农民工作为"城中村"活动的主体，本身就带有边缘化的色彩。

二 转型期制度性障碍和缺陷对农民工贫困的影响

实际上造成农民工贫困的真正根源，我们还应该深入到制度层次上解读。准确地说，是社会转型过程中的制度原因以及计划经济体制时期的制度惯性，限制和剥夺了他们自由选择的权利，包括他们和所在城市居民在同一舞台上发展他们自身素质的能力。

所谓制度，按照诺思的解释，是指一种社会博弈规则，是人们所创造的用以限制人们相互交往行为的框架。博弈规则分为两类，一类是正式规则，包括法律、产权制度以及契约；另一类是非正式规则，包括各种规范和习俗。在制度经济学中，制度的功效主要体现在，（在市场经济条件下）通过降低交易成本，提供激励机制，为社会各成员合作创造条件，从而为经济发展、社会发展和个人发展提供保障。制度要实现这些功能，首先需要的是社会为各成员搭建同一个平等的平台。显然，我国现存的制度所构筑的平台本身就是不对等的，农民在制度层次上始终是一个弱势群体，和城市居民相比，他们支付的交易成本高，但在激励机制中他们始终不属于激励对象，"社会排斥"把他们挡在合作博弈的门外。正是由于我国现有的正式的制度规则和非正式制度规则中的障碍和缺陷，才导致了城市农民工的贫困。

第一，正式规则中的障碍及其缺陷对农民工贫困所产生的影响。计划经济体制及其转轨时期的正式制度规则对农民工贫困所产生的直接影响主要源于下述五个方面：

其一，户籍制度的隔离。农民工面临的首要的障碍就是源于计划经济体制下的户籍管理制度。正是户籍管理制度，在城乡之间树起了近半个世纪的壁垒，从根本上造成了森严的城乡相互隔绝的二元社会结构，阻碍了人员、资本的自由流动。同时也造成了今天城市农民工身份和职业的尴尬及其错位。一方面，城市的快速发展需要廉价的工人为此作出贡献；另一方面，城市又以他们的身份为由，设置各种制度壁垒，诸如就业制度、教育制度、社会保障制度等，人为提高他们的交易成本，限制他们个人的发展，剥夺他们公平竞争的自由。

其二，就业制度的歧视。农民工的就业状况直接决定了他们的经济地位，然而他们所面临的现状，一是"同城不同工"，由于地方政府的短期行为，在我国大中城市都存在歧视性的外地劳动力管理制度，农民基本在城市非正规部门或边缘部门工作，很难进入正规部门；二是"同工不同酬，同工不同权"，即使在农民工获准进入的领域，他们仍然低人一等，在薪酬和权益保障方面受到不公待遇，城市居民就业的工资与福利一直由政府管理部门作出具有强制性的统一规定，用工单位需无条件执行，而农民工则没有这样的规定，他们的工资完全由企业主决定。由于存在巨大的农民工就业压力以及企业主的短期行为，农民工只能接受极低的薪酬。同时他们也没有城市工人合法的劳动权益，超时间工作，超强度劳动是农民工的普遍际遇。

其三，土地制度的羁绊。20世纪70年代末实行承包责任制和包产到户的"责任田"，本应是农民生活的依附，土地应该是农民赖以生存和发展的基础，然而随着社会经济结构的转变和农村剩余劳动力的大量转移，"责任田"这种土地制度的缺陷表现得越来越明显。作为一种残缺的产权制度，农民没有自由出租、转让、抵押土地的权利。当他决定到城市发展时，这种残缺的产权制度更多地成了一种束缚。

其四，组织制度的缺乏，主要是缺乏正式的组织制度。由于农民工进城打工的渠道主要是依靠传统的地缘关系和血缘关系零星地组织进行，因而他们在同企业主和地方政府的博弈过程中处于劣势，他们缺乏合法的利益表达渠道和谈判平台。市场经济是一个各利益集团为自身利益博弈的过程，而缺乏组织使农民工无法为自己的利益抗争，他们权益的获得更多地依靠其他集团的"仁慈"和"爱心"。

其五，社会保障制度的排斥。城市职工普遍享受养老、医疗、失业、生育和工伤五大保险，城市农民工则不享受任何保险待遇，完全被排除在社会保障制度之外。国家社会保障政策只考虑到职工，对城市职工进行了强制性的社会保险，而没有把越来越多的对城市发展作出重大贡献的城市农民工考虑在内。缺乏有效的制度约束，绝大部分用工单位都不为城市农民工办理社会保险。而农民工目前主要集中在劳动强度大、风险高、工作环境恶劣的行业，一旦发生工伤事故，企业的推诿，求诉的无门，将会把农民工本人及其家属逼入绝境。

第二，非正式规则中的障碍和缺陷对农民工贫困所产生的影响。非正式规则对农民工贫困所产生的影响主要是指，中国历史悠久的封建传统留下的阶层观念和计划经济下长期形成的城乡对立思想造成的对农民工的社会排斥：一方面，他们作为五大社会阶层中的底层，受到除此以外的其他阶层的歧视；另一方面，他们还受到同为社会底层的城市下岗职工的排斥。城市中的弱势群体或是认为农民工抢了自己的饭碗或是难以认同农民工的生活习惯而拒绝接纳农民工。这两方面的原因使农民工难以得到应有的"他人的尊重"，从而进一步影响了农民工的自我评价，使他们难以形成正确的"自我尊重"。

此外，我们还必须承认，造成农民工贫困的另一个不可忽视的原因是农民工（和城市居民相比）的人力资本存量问题。他们所受的教育程度较低，工作经验相对缺乏，从而导致了他们的择业局限性和融入城市生活的困难。

第四章 西部地区农民工的特点及流动原因

经过多年的西部大开发，西部地区经济社会事业取得明显进步，城市化发展进程不断加快，对劳动力的需求不断增加。与此相同步，东部地区产业结构也在不断演进和升级，大批劳动密集型产业逐渐向中小城市和中西部地区转移。与这种梯度转移相适应，西部地区农村劳动力就近转移同步增加。但是由于自然、地理和社会历史文化等原因，西部地区城市化发展总体上还比较滞后，这种状况不仅对西部地区自身经济发展造成直接影响，而且对西部地区农民工产生诸多影响，使西部地区农民工呈现出自己的一系列特点。

第一节 西部地区农民工的主要特点

通过本次实地调查，并结合2013年国家统计局的《2012年全国农民工监测调查报告》，我们可以概括出西部地区农民工以下几方面的特点：

第一，从就业地区来看，农民工主要来自东部地区，但西部地区的农民工数量增长较快。

从输出地看，东部地区农民工11191万人，比上年增加401万人，增长3.7%，东部地区农民工占农民工总量的42.6%；中部地区农民工8256万人，比上年增加314万人，增长4.0%，中部地区农民工占农民工总量的31.4%；西部地区农民工6814万人，比上年增加268万人，增长4.1%，西部地区农民工占农民工总量的26.0%。

从农民工的就业地区来看，2012年在东部地区务工的农民工16980万人，比上年增加443万人，增长2.7%，占农民工总量的64.7%，比上年降低0.7个百分点；在中部地区务工的农民工4706万人，比上年增加268万人，增长6.0%，占农民工总量的17.9%，比上年提高0.3个百分点；在西部地区务工的农民工4479万人，比上年增加263万人，增长6.2%，占农民工总量的17.1%，比上年提高0.4个百分点。

表4-1　　　　　　　按输出地分的农民工地区构成　　　　　　单位：%

	2012年			2011年		
	东部	中部	西部	东部	中部	西部
农民工	42.6	31.4	26.0	42.7	31.4	25.9
1. 外出农民工	31.5	36.7	31.8	31.6	36.6	31.8
2. 本地农民工	60.8	22.9	16.3	61.4	22.7	15.9

资料来源：国家统计局：《2012年全国农民工监测调查报告》。

第二，从年龄特征看，农民工以男性青壮年为主。

2012年的调查数据显示，农民工从性别看，男性农民工占66.4%，女性占33.6%；分年龄段看，农民工以青壮年为主，16—20岁占4.9%，21—30岁占31.9%，31—40岁占22.5%，41—50岁占25.6%，50岁以上的农民工占15.1%。调查资料显示，40岁以下农民工所占比重逐年下降，由2008年的70%下降到2012年的59.3%，农民工平均年龄也由34岁上升到37.3岁。

即使在2012年，这一特征依然没有显著变化。调查显示（见第五章表5-1），2012年，西部地区农民工务工年龄结构中，31岁以上所占比例分布为，陕西省为47.1%，甘肃省为58%，内蒙古自治区为61.4%。

在性别比例上，西部地区女性农民工比例明显低于男性农民工，不到男性农民工的1/3，这可能与西部地区农民工主要集中在一些对体力有较强要求的行业有关。

第三，从文化特征看，农民工以初中和小学文化程度为主。

国家统计局2013年的调查数据显示，在农民工中，文盲占1.5%，小学文化程度占14.3%，初中文化程度占60.5%，高中文化程度占13.3%，中专及以上文化程度占10.4%。此次调查显示，在西部地区打工的农民工主要以初中和小学文化程度为主，且打工之前接受过技能培训的人很少。调查显示（见第五章表5-2），2012年，西部地区农民工学历结构中，其中初中文化程度以下的分布情况为，陕西省为63.2%，甘肃省为74.1%，内蒙古自治区为70%。

第四，从就业的行业特征看，以第二、三产业为主，其中建筑业占比重较大。

表 4-2　2012 年农民工在不同地区务工从事的主要行业所占比重　单位：%

	全国	东部地区	中部地区	西部地区
制造业	35.2	44.6	23.2	15.4
建筑业	18.4	13.9	25.5	28.4
交通运输、仓储和邮政业	6.6	5.6	8.2	8.8
批发零售业	9.8	8.5	12.6	11.9
住宿餐饮业	5.2	4.4	5.8	7.6
居民服务和其他服务业	12.2	12.4	11.3	12.1

资料来源：国家统计局：《2012 年全国农民工监测调查报告》。

从全国范围内看，农民工主要分布在从事简单劳动的体力性工作职业范围内，但就业结构开始出现由第二产业向第三产业转变的趋势。2013 年国家统计局的调查数据显示，2012 年农村外出就业农民工中从事制造业和建筑业的比重，分别达到 35.2% 和 18.4%，从事商业、饮食服务业的比重比 2011 年有所上升。在制造业内部，农民工逐步向电子电器业、制衣制鞋业、机械制造业等外向度较高的行业集中；在服务业内部，农民工逐步向住宿、餐饮、娱乐、体育等城市服务业集中。[①] 但是西部地区受产业结构升级的制约，农民工仍然以重体力的建筑业为主。

第五，从工作时间及稳定性特征看，农民工就业时间短、稳定性差，具有明显的兼业性和季节性。

2004 年农民工年均外出务工时间为 8.3 个月，在东部地区务工的农民工平均务工时间为 8.7 个月，在中部地区和西部地区务工的农民工平均务工时间为 7.2 个月和 7.1 个月。[②]

国务院发展研究中心课题组于 2006 年对全国 2749 个村庄开展了大规模的调查研究，结果显示，经过多年的发展，农民工在流入地居住趋于长期化、融入现居住地的趋势比较明显。特别是东部地区的农民工，完全脱离农业生产、常年在外打工的农民工已经占到较大比重，由"候鸟式"流动向迁徙式流动转变倾向渐趋明显，相当一部分农民工已经成为事实"移民"。据 2005 年上海市人口计生委开展的来沪人员居留意愿调查，结果显示，在沪居住半年以下的人占 6.16%，半年—2 年的占 26.44%，2—5 年的占 32.58%，5—10 年的占 23.48%，10 年以上的占

---

① 韩俊、崔传义、金三林：《现阶段我国农民工流动和就业的主要特点》，《发展研究》2009 年第 4 期。

② 韩俊、崔传义：《劳力市场：破除对农民工的歧视政策》，中国改革论坛暨中国体改研究会：《2005 年北京年会论文集》，2005 年版，第 52 页。

11.34%。另据浙江省 2007 年抽样调查显示,在流入地居住 1 年以上的农民工已经占到总数的 63.4%。①

与东部地区务工的农民工相比,在西部地区务工的农民工的稳定性较差。从常年外出打工的农村劳动力的转移率来看,全国平均水平为 18.1%,其中东部地区为 23.55%,中西部地区为 13.6%。② 西部地区农民工具有明显的兼业性,属亦工亦农性转移,兼业时间的长短因家庭劳动力的多寡与劳务收入的高低而不同。一般情况下,家庭劳动力较多的,在外务工时间就长,劳务收入也较高,反之则短。

第六,从族群分布特征看,西部地区农民工以汉族为主体,少数民族群体数量逐步增多。

西部地区农民工总体上以汉族为主体,但是少数民族在西部打工的数量明显多于东部地区。与汉族打工者不同的是,少数民族打工者多以自雇佣者居多,多存在于餐饮业、商业贸易行业。

第二节 西部地区农民工流动的原因分析

推拉理论是较早研究人口流动、移民问题的重要理论之一,理论起源可以追溯到 19 世纪。最早对人口迁移进行研究的是英国学者雷文斯坦(E. Ravenstien)。他在 1880 年发表的《人口迁移之规律》一文中提出了关于人口迁移的七条规律:第一,人口迁移主要是短距离的,朝向工商业发达的城市;第二,流动人口首先迁居到城镇的周围地带,然后又迁居到城镇里面;第三,全国各地的流动都是相似的,即农村人口向城市集中;第四,每一次大的人口迁移也带来了作为补偿的反向流动;第五,长距离的流动基本上都是向大城市的流动;第六,城市居民与农村居民相比,流动率要低得多;第七,女性流动率要高于男性。

巴格内(D. J. Bagne,1969)认为,人口流动的目的是为了改善生活条件,流入地的那些有利于改善生活条件的因素属于拉力,而流出地的不利的生活条件属于推力,人口流动是由这两股力量前拉后推所决定的。

---

① 韩俊、崔传义、金三林:《现阶段我国农民工流动和就业的主要特点》,《发展研究》2009 年第 4 期。

② 同上。

在巴格内之后，迈德尔（G. Mydal）、索瓦尼（Sovani）、贝斯（Base）、特里瓦撒（Trewartha）等都对推拉理论作了一些修正。国际劳工局也在一些报告中验证了巴格内的理论。李（E. S. Lee）在《移民人口学之理论》一文中，在巴格内理论基础上，提出流出地和流入地都有推和拉两种因素，除此之外，还有中间障碍因素。中间障碍因素主要包括迁移的距离远近、物质障碍、语言文化的差异，以及移民本人对于以上这些因素的价值判断。人口流动则是这三个因素综合作用的结果。

他们的共同观点在于：认为人口之所以发生迁移，在于通过迁移可以改善生活条件，流入地那些有利于改善生活条件的因素就成为拉力，而流出地那些不利的社会经济条件就成为人口迁移的推力。人口流动就是在推拉力的共同作用下进行的。

推拉理论为我们解释农民工流动提供了理论模型，但是西方学者提出的理论模型所依据的背景假设与我们国家所面临的现实存在很大的差异。主要表现在：第一，推拉理论的前提是市场经济和劳动力的自由流动。我们国家经过几十年的发展，市场经济体系虽已建立，但是仍不完善。近年来户口对农村人口的限制作用有所放松，但是户籍制度改革基本上是在小城镇进行，户籍制度的屏蔽作用在大城市依然十分突出。而且各地政府对外来人口的各种差别性政策和歧视性待遇也限制了人口流动。第二，国际上的人口大规模向城市集中，往往与农民失去土地有关。而中国实行家庭联产承包责任制以后，土地承包给农民，承包以后几十年不变。所以，不存在国际上那种因为失去土地而不得不流入城市的农民。反而是很多农民不愿意承包土地，或者索性将土地转包给他人，甚至落荒不种。① 所以用推拉理论来解释中国农民工流动时，必须放在中国特定的社会经济体制下，不仅要分析来自城市的拉力，还要分析来自农村的推力。

国内学者用大量数据证明农民工流动是出于来自农村的推力和来自城市的拉力共同作用的结果，但是西部地区农民工流动的原因中，推拉因素孰多孰少，并没有一个权威数据，我们通过对2012年西安市农民工的调查，对农民工流动的推拉因素做一简要分析比较。

---

① 李强：《农民工与中国社会分层》，社会科学文献出版社2004年版，第53页。

表 4-3　　　　　　　西部地区农民工流动的推拉因素

外出打工的原因	推拉因素	选择人数	排列次序	百分比
农村收入低，种地不赚钱	推	126	1	42%
农村没有发展机会	推	35	2	11.7%
城市收入高、就业机会多	拉	31	3	10.3%
家里地太少，在家没事干	推	26	4	8.7%
看到亲戚朋友外出打工	拉	23	5	7.7%
外出见世面	拉	22	6	7.3%
向往城市生活	拉	17	7	5.7%
农村生活苦，条件差	推	12	8	4%
躲避在农村的麻烦（如计划生育、债务等）	推	8	9	2.7%

通过表 4-3 我们可以看出，影响农民工进城的因素既有来自农村的推力也有来自城市的拉力。在这些因素中，属于农村不利的生活条件，也就是"推"的因素有：农村收入水平低，种地收益低；农村发展机会少；家里土地少；农村生活条件差；躲避在农村的麻烦等。属于城市"拉"的因素有：城市收入水平高、就业机会多；外出见世面；向往城市生活等。

如果将排在前几位的因素进行对比，我们可以看到来自农村的推力大于来自城市的拉力。当然，从另一个角度来讲，城市的拉力就是农村的推力，而不管是农村收入低，还是城市收入高，核心问题就是经济收入的驱动力，具体来讲，促使西部地区农民工流动的推力主要有以下几点：

第一，农民收入增长缓慢、城乡差距依然很大（见表 4-4）。

从总体而言，西部地区城乡差距虽然呈现从扩大再到缩小的趋势，但缩小的比例并不大。2013 年，全国城镇居民人均可支配收入 26955 元，农村居民人均纯收入为 8896 元，两者之比为 3.03。西部地区城镇居民人均可支配收入为 21945 元，同期农村居民人均纯收入为 6817 元，两者之比为 3.22，西部地区高于全国水平。

陕西省的情况也如此。1994 年城镇居民的人均可支配收入为 2684 元，而同期农村居民的人均纯收入为 805 元，城镇居民人均可支配收入是农村居民人均纯收入的 3.33 倍。到 2005 年末，城镇居民的人均可支配收入增长到 8272 元，同期农村居民的人均纯收入增长到 2052 元，两者之比为 4.03。在 2013 年，城镇居民的人均可支配收入为 22858 元，同期农村居民的人均纯收入为 6503 元,两者之比仍高达 3.51,高于西部地区的平均水平。①

表 4-4　　2013 年东中西三大地区城镇居民人均可支配收入与
农村居民人均纯收入之比　　　　　　单位:元

		城镇居民人均可支配收入	农村居民人均纯收入	城镇居民人均可支配收入与农村居民人均纯收入之比
全国		26955	8896	3.03
东部		31828	13174	2.42
中部		22254	8625	2.58
西部	内蒙古	25497	8596	2.97
	陕西	22858	6503	3.51
	新疆	19874	7296	2.72
	甘肃	18965	5108	3.71
	青海	19499	6196	3.15
	宁夏	21833	6931	3.15
	四川	22368	7895	2.83
	重庆	25216	8332	3.03
	云南	23236	6164	3.77
	贵州	20667	5434	3.80
	西藏	20023	6578	3.04
	广西	23305	6791	3.43

第二,西部地区农村贫困问题依旧严重。

中国的贫困主要是农村贫困,而农村贫困主要是西部地区的农村贫困。为了提高农村贫困人口生活水平,中国政府于 2011 年颁布《中国农村扶贫开发纲要(2011—2020 年)》②,国家大幅度提高扶贫标准,将农民人均纯收入 2300 元(2010 年不变价格)作为新的国家扶贫标准,更多低收入人口被纳入扶贫范围。2011 年全国扶贫对象覆盖人口 1.22 亿。到 2012 年底,贫困人口仍有近 1 亿人,但西部地区的贫困发生率仍居高不下,贫困问题严重,其中贫困发生率超过 20%比例的有西藏、甘肃、贵

---

① 2013 年的数据是根据国家统计局陕西调查总队提供的数据整理而得(http://www.nbs-sosn.cn/index.aspx)。

② 沙安文等:《中国地区差异的经济分析》,人民出版社 2006 年版,第 56—58 页。

州、新疆、云南和青海6个少数民族省（区）。①另外，西部地区农村也是低收入群体的聚集地。这些人只是暂时解决了温饱问题，还不具备自我发展能力，很容易掉到贫困线以下。实际上，他们中的许多人，一旦碰到灾害或重大意外就很容易陷入绝对贫困。

第三，西部地区人多地少的矛盾比较突出。

西部地区农村人口多，随着农业劳动生产率的大幅度提高，过去长期隐蔽存在的农村就业不充分暴露出来，农业剩余劳动力大幅增加。根据第五次人口普查显示，西部地区总人口为35531万人，其中劳动年龄人口为25990.10万人，占总人口的比重73.37%。②截至2001年底，西部地区剩余劳动力占劳动力总数的25%，约有3706万人。③而且随着西部地区农业机械化水平的提高，潜在的剩余劳动力必然还会增加。虽然西部地区占国土面积的70%，但是随着人口的增多，西部地区的人均可耕地面积日益减少。西部地区土地资源按照农业人口平均，人均耕地只有1.49亩，西部地区人均耕地已经低于全国平均水平，四川、云南、贵州等省的人均耕地已低于0.8亩的警戒线。④

在以上原因的推动下，西部地区农村劳动力从边际效益低的农村，流向边际效益高的城镇。当然农村劳动力流动肯定要考虑来自城市的阻力，这些阻力包括迁移的实际成本和名义成本，比如寻找工作的信息费、交通费、住宿餐饮费、远离家乡的心理成本、来自城市的歧视等心理成本。但是从经济学机会成本的角度看，在家务农的收益就是外出打工的成本，只要外出打工的收益扣除流动成本后，高于在家务农的收益，农民就会选择外出打工。而在这些流动的民工中，他们并不一定自愿想成为城市居民，他们的身份具有可逆性。对他们来说，只要能够过上好日子，从工从农都是次要的。而正是这种迁移的选择性和身份的可逆性使农民工在城市遭遇新的贫困。

---

① 新华网，《2012年全国农村贫困人口减少近6700万》，2013年12月25日。
② 权小虎：《西部地区农民工生存状况及权益保障实证分析——对陕、甘、宁、川四省区397位农民工的调查与分析》，《陕西行政学院学报》2008年第1期。
③ 赵黎明、何智虎：《西部农村剩余劳动力转移的途径探析》，《安徽农业大学学报》（社会科学版）2004年第3期。
④ 李道湘等：《西部大开发西部社会发展问题研究》，中央民族大学出版社2008年版，第99页。

第五章　西部地区农民工的贫困现状及基本特征

贫困是一个历史范畴，随着社会经济的发展，人们对贫困的认知从原来单一经济视角的观察，逐步转向从社会、文化、政治、法律等多视角的审视。对于贫困的研究也逐渐由对宏观的贫困地区的关注扩展到对微观的贫困人口的研究。作为城市中的新增贫困群体，农民工群体的贫困不仅仅表现在传统意义上的收入水平低、消费水平低等物质性贫困，更重要的是农民工享受不到作为一个正常的"社会人"所应享受的物质和精神文化生活，他们在生活和工作等方面的窘境比之当地的贫困人口更为严重，陷入贫困的概率更高。我们通过对陕西、内蒙古和甘肃三省（区）农民工群体的抽样调查，进一步验证了西部地区农民工贫困的这一特征。

第一节　需要进一步厘清的几个贫困概念

一　贫困的内涵

贫困问题是世界性问题。随着社会的发展和时代的进步，对贫困理解的角度和视野也会与时俱进，从历史发展的演进来看，对贫困的定义，大致沿着两条逻辑路径进行：其一是从表象层次定义贫困，即从贫困的一系列表现特征定义贫困，典型代表是"缺乏论"，主要从贫困在物质、精神文化和社会等诸多方面表现出来的"匮乏"进行表述。汤森认为："所有居民中那些缺乏获得各种食物、参加社会活动和最起码的生活和社交条件的资源的个人、家庭和群体就是贫困。"① 奥本海姆认为:"贫困是指物质上的、社会上的和情感上的匮乏。"② 童星、林闽钢认为:"贫困是由低收入造成的缺乏生活必需的基本物质和服务以及没有发展的机会和手段这样一种生活状况。"③ 江亮演认为:"贫困是指生活资源缺乏或无法适应所属的社会环境而言,也就是无法或有困难维持其肉体或精神生活的现象。"④ 由此可以看出,"缺乏论"是从贫困在物质、精神文化和社会等方面表现出来的"匮乏"所进行的一种直白的表述,有助于人们更加直观地理解和把握贫困。其二是从渊源层次定义贫困,即从贫困产生的根源来定义贫困,典型代表是"相对剥夺或社会排斥说"。如奥本海姆(1993)从机会剥夺的角度考察了贫困,阿马蒂亚·森(2002)从能力剥夺的角度来定义贫困,认为:"贫困是对人们基本的可行能力的剥夺,而不仅仅是收入低下。"⑤ 欧共体(1993)给贫困下的定义是:"贫困应该被理解为个人、家庭和群体的资源(包括物质的、文化的和社会的)如此有限,以致他们被排除在他们的成员国可以接受的最低限度的生活方式之外。"⑥ 联合国开发计划署(UNDP)编写的《1997年人类发展报告》提出了人文贫困(Hu - man Poverty)的概念,其含义包括寿命、健康、居住、知识、参与、个人安全和环境等方面的基本条件得不到满足,因而限制了人的选择。

虽然对贫困的认定有所不同,但是从以上定义中我们也可以概括出贫困的某些共同特征:第一,贫困是一个历史范畴,对贫困的衡量标准应该随着时间和地点而有所改变;第二,贫困具有多元性。贫困是与"落后"和"困难"联系在一起的,它包括"经济、社会和文化"乃至"肉体的和精神的"各个方面。除了人均收入水平外,健康状况、营养、受教育水平等都可以作为刻画贫困的指标。

---

① Townsend, Poverty in the Kingdom a Survey of the Household Resource and Living Standard, Allen Lane and Penguin Books, 1979.
② Oppenheim, Poverty: the Facts, Child Poverty Action Group, 1993.
③ 童星、林闽钢:《我国农村贫困标准线研究》,《中国社会科学》1994年第3期。
④ 江亮演:《社会救助的理论和实务》,(中国台湾)桂冠图书公司1990年版,第78页。
⑤ 阿马蒂亚·森:《以自由看待发展》,中国人民大学出版社2002年版,第85页。
⑥ Atkinson. The Institution of an Official Poverty Line and Economic Policy. Welfare State Program Paper Series, 1993.

二 贫困的外延

首先,从贫困程度划分为绝对贫困和相对贫困。绝对贫困又叫生存贫困,是指在一定的社会生产方式和生活方式下,个人和家庭不能维持其基本的生存需要的一种生活状态。它主要表现在两个方面:从生产方面看,贫困人口或贫困户缺乏扩大再生产的物质基础,甚至难以维持简单再生产;从消费方面看,贫困人口或贫困户的低微收入难以满足衣食住行等人类基本生存需要,也即人们常说的"食不果腹,衣不遮体,住不避风寒"的状况。它通常是通过一定的经济指标(如人均纯收入,家庭年收入)来加以界定。

相对贫困是指与社会平均水平相比,处于社会水准的最下层的生活状态。贫困是相对的,它是与一定的变化着的参照系相比较而言的,比较的对象是处于相同社会经济环境下的其他社会成员。比如,有些国家把低于平均收入40%的人口归于相对贫困,世界银行的看法是收入只及(或少于)平均收入的1/3的社会成员便可以视为相对贫困。

其次,从贫困涉及的范围划分为狭义贫困和广义贫困。狭义贫困仅指经济上的贫困,反映维持生活与生产的最低标准。这种贫困的概念只包括物质生活的贫困,而不包括精神生活的贫困;广义贫困是指除狭义贫困之外,包括社会方面、环境方面和精神文化方面的贫困,即贫困者享受不到作为一个正常的"社会人"所应享受的物质和精神文化生活。他们不仅处于收入分配的最底层,而且在社会中所处的地位也极其低下,他们无力控制自己所处的生活环境,面临着来自社会上的强势群体的欺压,以及社会的歧视和不尊重。他们不仅在经济收入方面被"社会剥夺",而且在就业、教育、发展机会、健康、生育、精神、自由等个人发展和享受方面的权利也被"社会剥夺"。[①]

三 贫困线

贫困线是判定是否贫困的标准,是所有贫困问题研究的基础,通常是指在特定的社会发展阶段,用于维持人类社会基本生存所需物质和服务的最低消费费用总和,贫困线其实并非一条简单的线,是关于贫困的

[①] 叶普万:《中国城市贫困问题研究论纲》,中国社会科学出版社2007年版,第31页。

识别问题,是所有贫困研究的起点,社会救济标准和贫困救助标准很大程度上依赖于此。贫困线的设置不仅直接关系到减贫制度的设置,更重要的是决定了相关的群体能不能得到救助制度的惠及。

(1) 贫困线的划分及其依据

目前学术界关于贫困线的划分主要有三种:一是绝对贫困线,即满足人们最基本生存所必需的费用,是对绝对贫困的度量,就是指在一定的时间、空间和社会阶段的发展条件下,购买基本的生活必需品或保证最低生存需求的收入标准,达不到这个标准的就是绝对贫困。基本的生活必需品主要由满足人体生理需求的食物、衣物和住房等组成。目前,学术界大多采用此种观点,因为这种划分方法与我国的经济发展水平相适应。二是相对贫困线,绝对贫困是采用贫困线作为其衡量标准,从人的最基本的需求角度出发,而相对贫困可以从两个方面来理解,其一是由于社会经济的发展,贫困线不断提高而产生的贫困;其二是指同一时期,由于地区差异和社会阶层之间的差异,从而导致成员之间收入差异造成的贫困。因此,相对贫困线就是指根据相对收入水平而确定的贫困线,不同生活水平的社会应有不同的贫困线。三是主观贫困线,部分学者认为,采取绝对贫困线和相对贫困线作为衡量贫困的标准,固然有其科学的地方,但这两种划分很难覆盖全部贫困群体。因为社会福利政策作用的对象不仅仅是物质层面,还应包括对象的精神和心理方面,客观贫困线提供给政策制定者的信息是有限的。因此,以民意调查为基础的主观贫困线受到人们的青睐。贫困线是一个动态的概念,它以一定的时间和空间为限制。首先,我国的贫困线的制定必须从我国社会主义初级阶段这一基本国情出发。其次,制定适合我国国情的贫困线,还需要随着我国社会经济的发展,进行动态调整。

(2) 农民工贫困线及其划分

当前我国的贫困人口绝大部分分布在农村地区,而农民工绝大多数来源于农村地区,因此农民工与解决我国贫困问题密切相关。在以往关于农民工贫困的研究中,我们更多关注的是农民工的经济贫困,而忽视了农民工的人文贫困[①]。事实上,正是由于农民工的人文贫困加剧了他们

---

① 联合国开发计划署在《1997年人类发展报告》中给人文贫困下的定义是:人文贫困是指人们在寿命、健康、居住、知识、参与、个人安全和环境等方面的基本条件得不到满足,而限制了人的选择。

的经济贫困，即农民工的人文贫困甚于经济贫困。但是在有关贫困线研究中，农民工贫困线概念还处于空白状态。根据现有研究成果，我们认为，农民工贫困线内涵至少应包括如下两个方面的内容：其一，从经济贫困的角度看，必须反映农民工最基本的生存所必需的费用；其二，从人文贫困的角度看，还应反映农民工最低的精神文化、心理需求等方面所需的费用。因此，农民工贫困线不能用单一的绝对贫困、相对贫困或者主观贫困去定义和衡量，应该在结合三者的基础上，制定能真正体现农民工需求的贫困线标准。

（3）几种常用贫困线测定方法及评价

第一，恩格尔系数法。德国学者恩格尔在19世纪末，通过对比家庭之间收入水平的差异从而引起的消费模式的不同，总结出一套现行国际上比较流行的贫困线测量方式，即恩格尔系数法（Engle's Ratio Method）。恩格尔的研究发现，生活必需品的支出在不同收入家庭中所占的家庭总收入的比重有较大差异，生活必需品所占家庭总收入的比例越高，则该家庭的总体收入水平越低。根据研究结果，他绘制出生活必需品所占总收入的比例与家庭总收入之间的函数关系图，即著名的"恩格尔曲线"（见图5-1），由图可见，生活必需品开支占总收入的比例与收入的增长呈反比趋势，这一论断被称为"恩格尔定律"。将恩格尔定律正式用于贫困线测量的是美国学者奥珊斯基（Orshansky），她在20世纪60年代的研究中，将美国家庭中食品支出所占其家庭总支出的比例数据，参照恩格尔曲线的方式绘制出一条曲线，在该条曲线上，她发现了一个拐点，并提出将该拐点作为贫困测定的标准，该拐点以下的为贫困家庭。该方法在之后的研究中被人们广泛应用，由于该方法是参照恩格尔曲线的方式，因此仍被称为恩格尔系数法。此后的研究中，恩格尔系数法主要通过直接和间接两种方式作为贫困判定的标准。第一种比较直接的方法，与奥珊斯基的方法类似，即指定恩格尔系数中的一个定值作为评判标准，定值之下则为贫困，国际通用的是将恩格尔系数的50%或60%作为判定定值，用于测定国家、地区或者家庭是否处于贫困状态。第二种间接的方法是利用满足人体生理营养学需求，计算人生存所必需的食物摄取量，结合所在地区的饮食消费习惯，估算最低食物消费费用，再除去恩格尔系数中的贫困定值，从而得出贫困判定的标准。

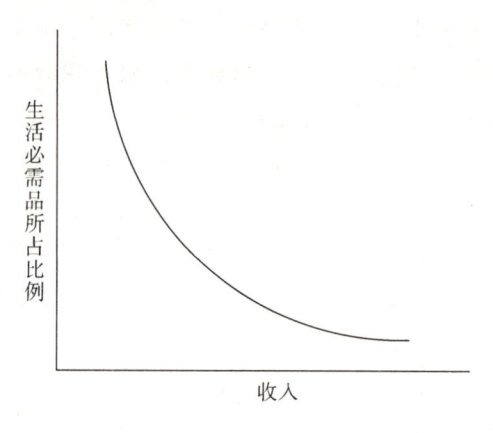

图 5-1 恩格尔曲线

恩格尔定律被广泛应用于测量国家和地区的家庭贫困状态。对于一个国家,其国民用于生活必需品的消费支出占其国民平均收入的比重越大,则说明这个国家人民生活水平越低,根据这个比例所绘制的曲线,应用恩格尔定律,可以确定这个国家的贫困线标准,具体到这个国家每个家庭的贫困判定,只需要分析该家庭的恩格尔系数是否高于其政府划定的贫困线标准,当一个家庭的恩格尔系数高于国家划定的贫困标准时,则这个家庭为贫困家庭,需要社会救助。联合国也根据恩格尔定律,提出了贫困与富裕的划分标准:恩格尔系数在 20% 以下为非常富裕、20%—29% 为富裕、30%—39% 为比较富裕、40%—49% 为小康、50%—59% 为温饱、高于 59% 为绝对贫困。资料显示,发达国家如日本、美国等,其社会生活保障最低标准按个人收入的 30% 来确定。

这种方法的优点是:其一,该方法操作简便,实用性强。只要获取一个家庭中成员的最低生活必需品所需费用,除以恩格尔系数,就能得到贫困线数值,同时根据此方法测量的结果,也能够反映一定的地区差异。其二,这一方法以恩格尔定律为依据,采用营养科学的研究成果来确定家庭饮食支出费用,可以科学、客观地反映最真实的情况,可以避免人为主观性上对生活必需品支出费用的计算偏差。其三,便于进行国际水平比较。

这种方法的缺点是:其一,根据营养科学研究成果来确定食物费用支出方面,要求计算者不仅要精通营养学知识,能够根据各地区的生活饮食习惯,确定满足自身营养学需求的费用,而且很多贫困家庭受其收入限制因素和日常饮食习惯因素影响，食物支出并不一定合理。因此，要最终精确确定家庭饮食支出费用是比较困难的事情。其二，在确定家庭基本消费支出时，除非是在极度贫穷区域，计算所需的食品消费数据刚好是该家庭生活的必需品所支出费用，否则其他地区很难实现。因此，该方法所反映的贫困过于绝对，而且只是一种结果贫困，往往测算出的贫困线偏低。其三，应用于国家或者一般性研究，按照国际公认的恩格尔系数给定的贫困标准，如50%（60%）进行贫困线的测定，这种方法是可行的，然而，如果把这个方法测定的贫困线标准，用于判定某个国家或者地区是否应该接受社会救助或者其他要求比较精确的研究中，这个方法则略显粗糙。因为不同国家和地区之间的物价水平和居民消费结构都有很大的区别，从而导致的不同的国家和地区的恩格尔系数差异也较大。其四，根据我国的国情，恩格尔系数法应用于我国，有较大的局限性。我国正处于经济快速发展时期，各地区的经济水平和居民消费水平差异较大，不同地区商品的价格差异较大，不同的地区风俗习惯和地域特色较复杂，因此恩格尔系数的确定比较困难，严重影响到恩格尔系数法测定的居民贫困标准的准确性。

第二，市场菜篮法。市场菜篮法又称必需品法或标准预算法，是英国社会学家B. S. 朗特里（B. S. Rowntre）提出的一种应用较广泛的传统贫困线计算方法，该法以其提出的"绝对主义"而著名。该方法是依据统计调查，由居民参与决定生活必需品并统计出来，列出当地居民公认的维持最基本生活基准的生活清单，按照清单中内容，计算出消费量，参考当地市场的商品价格，加上非人为可控因素造成的浪费支出，从而计算出该地区的最低消费支出费用，用以确定贫困线。这种方法是以所计算区域居民生存必需获得某些资源为前提，进而计算从市场获取这些资源的实际支出费用，该地区的人要满足最基本的生存需要，必须支出这笔费用，也就是说这笔支出费用就相当于贫困线，此法的关键就是确定该地区的基础生活必需品清单并测算出清单中商品和服务所需的费用。用公式表示如下：

$$PL = \sum X_i \cdot P_i + h$$

式中，PL 为贫困线；X_i 为生活必需品的项目；P_i 为每项生活必需品的市场价格；h 为不可避免的浪费。[①]

[①] 闫红梅：《我国农村最低生活保障线测定研究》，南京农业大学，2007年，第27页。

正如世界银行的《1990年世界发展报告》中指出的那样:"以消费为基础的贫困线可以设想包含两个主要部分:购买最低标准的营养品和其他必需品的必要支出,以及各国间的不尽相同的反映参与社会日常生活的费用的另一部分支出。第一部分是比较明确的。有关最低标准的、适合需要的卡路里摄入量以及其他生活必需品的支出,只要看构成穷人食谱的食品价格,就能确定其费用。第二部分则带有较大的主观性。在有些国家,室内自来水管是'奢侈品',而在另一些国家则是:'必需品。'"①对于第二部分内容,亚当·斯密也有过表述:"至于生活必需品,我认识到不仅仅是对维持生存必不可少的日用品,一个国家的风俗习惯可能会对一个有荣誉感的人——即使他生活在社会的最底层——提出要求,没有某种东西就是粗鄙的。例如,一件亚麻布衬衣严格说来并非生活必需品……但在目前……在一个光荣的日子里,工人没有亚麻布衬衣就会羞于在公共场合露面。"②

这种方法的优点是:其一,简单明了,通俗易懂,操作简单,便于公众参与。该方法是通过对当地居民的实际调查,以他们的衣、食、住、行所必需品来定义最低生活消费,能实际反映当地居民的生活消费特点。其二,该法中生活必需品清单由消费者本身决定,不仅能最大程度上保证清单上的必需品满足居民的最低生活要求,又能调动起居民参与积极性,方便调查数据的统计和最终的必需品费用计算,并可反映出不同地区之间的实际生活消费情况。

这种方法的缺点是:其一,市场菜篮法是"绝对主义"的,不受价值观念的影响,不能明确反映出存在的相对贫困和不同的过程贫困。其二,由当地居民自己决定生活必需品清单中的物品,所以对生活必需品的定义就难免有失偏颇。公众的参与和讨论一方面增加了现实意义,但另一方面,也造成结果的不一致性和主观性,公众的讨论结果最终很难达成统一意见。而作为统计者,在这种情况中,选取相对争议较小的物品加入清单或者由相关的专业人员确定,致使测算得到的结果具有主观性,同时存在个体需求与最终统一贫困线之间的矛盾。其三,生活必需品清单会随着社会的发展和当地经济结构的变化和发展而产生较大的变

---

① 世界银行:《1990年世界发展报告》,中国财政经济出版社1991年版,第53页。
② 亚当·斯密:《国民财富的性质和原因的研究》,商务印书馆2008年版,第35页。

化。因此，其清单内容必将在不同的计算时间段作出调整，从而使测算过程变得复杂，也加大了数据收集的工作量。

第三，数学模型法，即收集大量的相关数据，通过计量经济学方法，遵循数据之间的相关关系，建立数学模型，进而定量分析调查数据所在地区的居民消费水平，将过程贫困的指标结果化，如家庭人员的健康情况可以通过家庭医疗费用支出来反映，家庭人员的受教育程度可以通过家庭教育支出来反映，从而将过程贫困和最终的结果贫困相结合，以比较准确的数学方法确定最低生活保障线。20 世纪 70 年代英国经济学家路迟（Lluch）提出了数学模型法中比较出名的线性支持系统（ELES）模型，这个模型属于经济计量分析类模型，是在线性支出系统（LSE）的基础上推出，利用居民收入与各类消费品支出的函数关系建立一个简单的扩展线性支出系数模型，通过已有的统计数据估计模型，得出各类必需的基本消费品支出和总的基本需求支出，作为贫困判定标准。

这种方法的优点是：其一，模型的建立，是以大量的统计数据为基础，根据不同地区的统计资料，建立科学的数学模型，从而得出准确的结果，能极大地减少主观因素对结果的影响，也体现了各地区间的差异；其二，模型不仅能反映出调查数据区域的结果贫困，同时也能反映出该地区的过程贫困，从而实现了绝对贫困和相对贫困的统一；其三，数据模型还可以导出居民必需基本消费品支出和总的基本需求支出，为进一步研究居民必需品消费构成提供帮助。

这种方法的缺点是：其一，模型实质上是测定相对贫困标准的方法，利用此方法测定出的贫困标准，在不同地区或同一地区不同时期都有较大的差别；其二，由于该方法定义各类消费品都由两部分组成，一部分为生活基本需求，另一部分为超基本需求，生活必需消费品相对易求，而非生活必需品的基本需求则难以计算，运用此方法得出的结论有可能偏高，也有可能偏低。

第四，马丁法。在世界银行工作的美国问题研究专家马丁（Martin Ravallion）通过分析研究世界上一些知名的贫困线测定理论，以食品分配法和食品能量法为基础，总结出一种全新的贫困线测量方法。该法的关键在于：利用测定的食物贫困线数据，建立回归模型，通过相应的线性分析方法，计算出能够达到食物贫困线的一些有代表性的住户最低非食物必需费用支出,以此来划分贫困线,分为低贫困线和高贫困线。

其一,低贫困线的测定方法。根据马丁法原理,人类生存最原始基本的保障,就是对维系自身生存的食物的摄取量与自身营养足以保证正常活动的平衡。人类对非食品消费的支出,必然是在首先满足这个最基本食物需求的基础之上,对于贫困家庭,其非食品支出在满足最基本的食品支出后应该是最少量的。因此,马丁法在获取食品贫困线的前提下,根据相关的回归模型,通过线性分析方法,计算出家庭消费支出满足最低食品贫困线的贫困家庭的非食物支出费用,即该家庭的最低非食物支出费用,将这个费用作为非食物贫困线,再与食物贫困线相加,最终得到马丁法低贫困线,也是维持家庭正常生活的最低标准。

其二,高贫困线的测定方法。马丁法测定低贫困线时,是以最低的食物贫困线作为贫困家庭的非食物贫困线的测定依据,这个针对的仅仅只是那些满足最低生活标准的超贫困家庭,事实上很大一部分贫困人口并不处于贫困的最下限,其家庭消费支出介于食品贫困线与贫困线之间,其对非食品消费支出必然大于那些超贫困家庭,应用低贫困线测定方法得到的非食物贫困线必然偏低,因此,确定一个比低贫困线高的贫困标准来判定是否贫困显得十分必要。马丁法根据家庭人均可支配收入或者人均日常消费支出和人均食物支出的相互关系,应用回归模型拟合,最终得出马丁法的高贫困线指标。具体如图5-2所示。

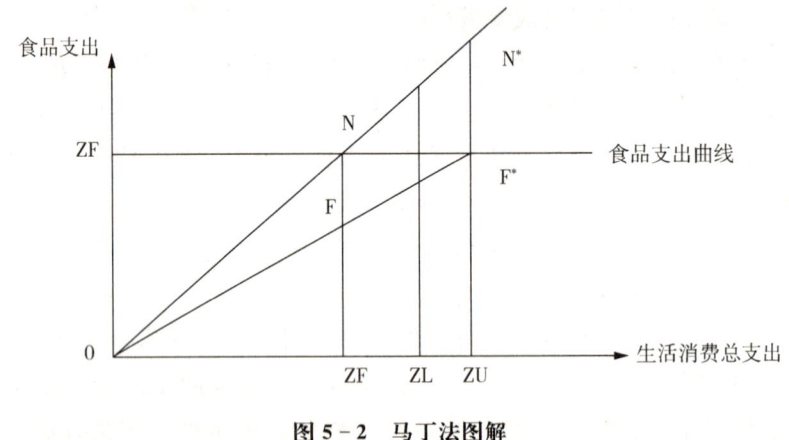

图5-2 马丁法图解

由图5-2可见,随着生活消费总支出的增长,食物支出曲线呈现出初始快速增长，之后逐渐减缓直至趋于稳定的态势，图中 ZF 表示最基本的食物贫困线，ZL 为低贫困线，ZU 为高贫困线。当生活的总消费支出和食物贫困线相同时，即图中食物贫困线，去掉非食品支出 NF，食品支出为 FZF，达不到最低生活所需求的食物支出标准；当生活总支出增长到 ZL 时，其食物支出刚好为 ZF，非食物支出为 NF，刚好满足最低生活标准，即低贫困线；而高贫困线 ZU 的食物支出已经达到了 ZF 线总的生活消费支出。

这种方法的优点是：其一，应用性强，结果客观准确。马丁法可以在不同的测定区域根据区域内经济结构和人文环境因素的差异，选择不同的测算标准，由于可以调整这些影响因素造成的偏差，因此结果能比较客观准确地反映现实情况。其二，该法在测算过程中，不仅涉及过程贫困，而且结果能很好地反映绝对贫困和相对贫困。

这种方法的缺点是：其一，计算复杂。由于在计算过程中需要调查大量的实际居民生活数据，因此数据收集和计算的工作量比较大。其二，实际操作困难。在计算过程中，要求找到贫困线的下限值，即那些超贫困家庭的数据，而对这些超贫困家庭的定义和选取比较困难，另外，对于最低贫困线和最高贫困线的确定，也很难达成一致。

第五，收入比例法，收入比例法也被称为国际贫困线标准。该方法将相对贫困作为理论研究的前提，通过对比区域内居民的收入水平，将那些家庭收入低于其他大多数家庭的居民，按相应的比例，定义为贫困居民，被定义为贫困居民的家庭收入水平，即为贫困标准线。1976 年，世界经济合作与发展组织针对其成员国内的居民，进行一次大规模的调查研究后提出一个贫困判定标准。该法发现，大部分国家以社会中位收入或者社会平均收入中的 50%（60%）作为社会救助的标准，因此，这个社会救助标准被广泛用于贫困线的确定，也就是现行的国际贫困标准。此外，世界银行于 1990 年在一项研究成果的基础上提出了每人每天 1 美元的贫困线标准。该研究是把各国以本国货币表示的贫困线和人均居民消费支出，用购买力平价（PPP）系数转化为用美元来表示，通过在两者之间建立回归方程，研究发现大多数贫困国家和地区的贫困线主要集中于每人每天 1 美元左右。根据这一研究发现，世界银行将按购买力平价转换的每人每天 1 美元确定为国际贫困线标准。

这种方法的优点是：其一，计算简便，可操作性强。社会中位收入或者社会平均收入的 50%（60%）相对于别的贫困线测定方法的基础数据收集和之后的计算来说，相对容易很多，数据的收集和计算都简单易行，同时在数据的收集过程中可以节省很多的行政费用，并且这种方法完全遵循相对贫困这一理论，根据此法得出的贫困线从而确立的救助对象更合理，并且也能使救助者得到的救助与社会的发展同步增长。其二，可对比性强，能反映不同国家和地区相对贫困的差异性。不同国家和地区的贫困线对比，可以反映出该国家和地区在社会救助方面的差异。

这种方法的缺点是：其一，该法贫困线的确定依据为当地中位收入或平均收入的比例值，比例值的确定受经验的、主观的影响因素较大，客观性和科学性不强。其二，以中位收入或平均收入的 1/2 或 2/3 来确定贫困标准，没有得到确切的论证。而对于很多发达国家和地区，这一比例略高，而对于相对落后贫穷国家和地区，这一比例又不一定能满足居民的最低生活需求。其三，结果的准确度较低。由于其用于支撑整个理论的数据来源，大多采用估算的方式，因此最终得到的贫困标准准确度较低。

（4）中国的贫困线的测定与发展

应该说，中国的贫困线的测定与发展研究相对起步较晚，国家统计局农村社会经济调查总队从 1985 年开始，先后几次对全国农村住户资料进行调查，测定中国农村贫困线标准，把它作为识别农村贫困人口规模和农村贫困发生率的标准。1985 年，国家统计局联合国务院扶贫办制定了我国第一个正式的贫困标准，即将人均年纯收入 200 元确定为贫困线，这是以我国 1984 年对农村第一次家户调查的数据资料为基础的，之后根据农村居民消费指数的变化，按 3 至 5 年为一个周期进行更新。该贫困线设定的方法是符合国际规范的，这个依据调查结果制定的贫困标准，以绝对贫困理论为基础，直接关注居民温饱问题，即基本生存标准。在实施过程中，确定我国当时的居民食物贫困线，按照每人每天摄入营养指标 2100 大卡和取样抽查的结果，确定最低消费食物清单，根据市场价格求得最低食物消费清单的支出费用，即食物贫困线。此外还有非食物贫困线的确定，简单的方法是既可以主观地确定食物贫困线在整体贫困线中的比例，也可以参照整个社会的恩格尔系数或低收入人群的恩格尔系数来确定这一比例。为了克服恩格尔系数法的缺陷，我国 1997 年的农村贫困标准，参照马丁法原理，以食物消费支出作为函数回归模型，通过计算得出低收入居民的非食物支出费用，并且考虑到不同地区人的消费习惯、家庭结构、生产结构等因素对消费的影响，最后得出非食物贫困线标准。根据以上结果，计算得到的非食物支出费用和调查统计得到的食物支出费用的总和，即贫困线标准，当时将人均年纯收入 640 元确定为贫困线。之后，国家在 1998 年通过测算，确定了新的较高的贫困线标准，此次测算更加真实地反映了农村的贫困情况，也使我国贫困标准的测算与国际接轨，新的标准在 2000 年以低收入标准的名义向社会公布。此次测算，根据国际粮农组织提出的恩格尔系数在 60％以上时，居民生活水平大多为贫困的理论，以 1998 年的食品贫困线为基准，通过设定的食品消费支出费用占总的生活支出费用的 60％的假设，得出 1998 年农村低收入标准为 880 元。这个标准在之后的几年内通过农村消费价格指数外推的方法一直沿用。2007 年，国家扶贫标准按绝对贫困标准为年人均收入低于 785 元，按低收入标准为年人均收入低于 1067 元。2008 年，绝对贫困标准和低收入标准统一为年人均收入低于 1067 元。2009 年我国开始实行人均年纯收入 1196 元的新扶贫标准，对农村低收入人口全面实施扶贫政策。这次 1196 元的扶贫新标准是在 1067 元扶贫标准的基础上根据 2008 年度物价指数做出的最新调整，24 年来增长约 5 倍；而在此期间，中国 GDP 由 7780 亿元增至 33 万亿元，增长 42 倍。2008 年，世界银行将国际贫困标准从每天生活支出 1 美元提高至 1.25 美元。我国经济随着改革开放后的快速发展，居民收入也有了大幅度的提高，因此，相应的贫困标准的更新也显得越来越重要，2011 年 11 月 29 日，国家公布了新的扶贫标准，将我国农民人均年纯收入 2300 元定为我国新的国家扶贫标准，此次调整极大地缩小了我国贫困标准与国际贫困标准线的距离，按照当时汇率计算，我国的国家扶贫标准达到了每天生活支出费用 1 美元。此次调整，充分考虑到我国农村人口的消费能力，农村物价上涨幅度和世界银行 2008 年公布的国际贫困标准等因素，也是调整幅度较大的一次，比 2009 年提高了 92％。

我国贫困线确定的优点：其一，从绝对贫困的角度确定贫困标准，更多关注改善贫困者的温饱条件与基本生存状况，以维持社会成员基本生存所必需消费的物品和服务的最低费用为基本标准，减贫成绩十分显著，从收入和消费的角度来衡量，改革开放后我国贫困率均大幅度下降；

其二，随着贫困标准的不断提升，减贫目标与性质发生深刻变化。新拟定的贫困线不仅关注贫困人口的基本温饱问题，还考虑了贫困人口在教育、医疗保障方面的支付能力。减贫政策的重心正在从解决贫困者基本温饱问题的温饱减贫，转向提高贫困者生活质量的发展减贫。

我国贫困线确定的缺点：其一，理论研究的二元化。由于我国长期存在的城乡二元结构，以及国家相应政策的导向，导致了贫困理论研究的二元化现象，造成了城乡贫困定义上的差别，直接导致了贫困线测度研究的基础上的一种割裂，使得我们容易忽略掉农民工这一非常值得关注的特殊群体。其二，指标体系简单。目前学术界在贫困线测度研究中所涉及的指标体系还比较简单，基本上对绝对贫困测度的应用较广，缺乏对人的发展权利等主观测度的考虑，也缺乏对具体地域差别所带来的不同消费结构的考虑，这种对生活消费标准的保守估计，导致了目前提出的贫困线偏低，使得贫困研究未能实现从人道向人权的转变。

第二节　西部地区农民工的生存现状

我们对西部地区，尤其对陕西省西安市、甘肃省兰州市和内蒙古自治区呼和浩特市农民工贫困的研究过程主要是沿着两条思路进行的：一是通过对农民工的实际生活状况、社会保障状况和城市融入状况三个维度的描述以及农民工对这三项的满意度来衡量农民工的物质贫困；二是从农民工受教育权利、政治权利以及精神状况三个维度刻画农民工的人文贫困。

一　研究设计

调查地点为陕西省西安市、甘肃省兰州市和内蒙古自治区呼和浩特市三个西部地区省会城市，问卷调查采取抽样的方式在上述三个城市农民工聚居区进行调查，发放问卷1100份，收回1093份问卷，去除无效问卷22份，合计有效问卷1071份，合格率为97.4%。问卷设计基于前述物质贫困和人文贫困两个方面考虑，分别从个人基本情况、实际生活状况、权益保障状况、职业培训情况、融入城市情况以及自我评价和未来打算六个方面，共计76题来设计问卷。调查样本基本特征如表5-1—表5-3所示。

表 5-1　　　　　　　调查样本农民工年龄状况　　　　　　　　　（%）

年龄	18岁以下	18—25岁	26—30岁	31—35岁	35岁以上
陕西	0	33.80	19.10	19.10	28
内蒙古	0	23.00	19.00	40.00	18.00
甘肃	4.20	22.20	12.20	12.20	49.20

表 5-2　　　　　　　调查样本农民工学历结构状况　　　　　　　（%）

学历	不识字	小学	初中	高中	大专	本科
陕西	5.90	17.60	39.70	16.20	13.20	7.40
内蒙古	15.00	16.00	39.00	19.00	6.00	5.00
甘肃	1.10	19.00	54.00	21.20	4.70	0

表 5-3　　　　　　　调查样本农民工就业分布状况　　　　　　　（%）

单位类型	国有集体企业	私营企业	三资企业	机关事业单位	个体企业	其他
陕西	4.40	45.60	1.50	4.40	26.50	17.60
内蒙古	44.00	15.00	22.00	3.00	4.00	12.00
甘肃	19.60	17.50	0.50	2.60	14.30	45.50

样本采取随机抽样，年龄结构三省（区）略有不同，内蒙古主要集中在31—35岁，占40%，甘肃农民工的年龄更多集中在35岁以上。三个城市农民工的一个共同特点是，学历层次较低，基本集中在高中以下，初中占比最大。在行业分布上，内蒙古主要集中在国有集体企业就业，陕西更多的是在私营企业打工，甘肃在其他行业分布更多，样本代表性充分。

二　西部地区农民工生存现状

（1）从实际生活状况看，主要表现为，收入水平低，消费层次低，住宿条件差。

首先，从工资收入水平来看，三省（区）的情况基本相似（见表5-4），如图5-3所示。

表 5-4　　　　　　三省（区）农民工每月工资收入分布　　　　　（%）

每月收入	800元以下	800—1200元	1200—2000元	2000—4000元	5000元以上
陕西	10.30	22.10	50	16.20	1.50
内蒙古	17	18	30	32	3
甘肃	18	46	29.10	6.90	0

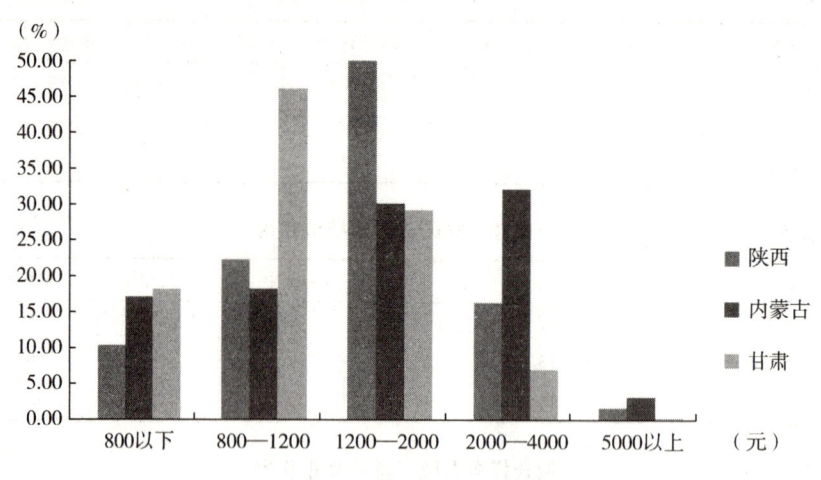

图 5-3 三省（区）农民工每月工资收入分布

农民工的月工资大部分分布在 2000 元以下，处于所在城市工资收入的中下层。

其次，从消费水平看，如图 5-4 所示。

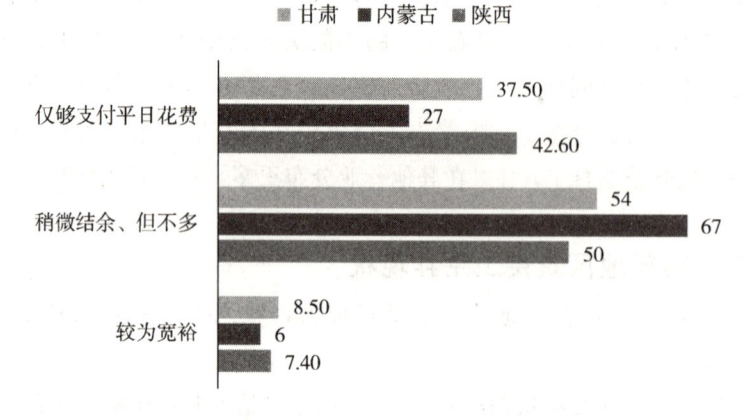

图 5-4 三省（区）农民工每月工资剩余情况（％）

农民工除了满足基本消费以外，稍有结余的占比最多，尤其是内蒙古，占到 67％，甘肃和陕西分别占比为 54％ 和 50％。排在第二位的是仅够日常支出，其中陕西、甘肃和内蒙古的占比分别为 42.6％、37.5％ 和 27％。但从"较为宽裕"所占比例来看，均低于 10％；就其消费水平而言，农民工也仅维持在满足最低消费水平层次。

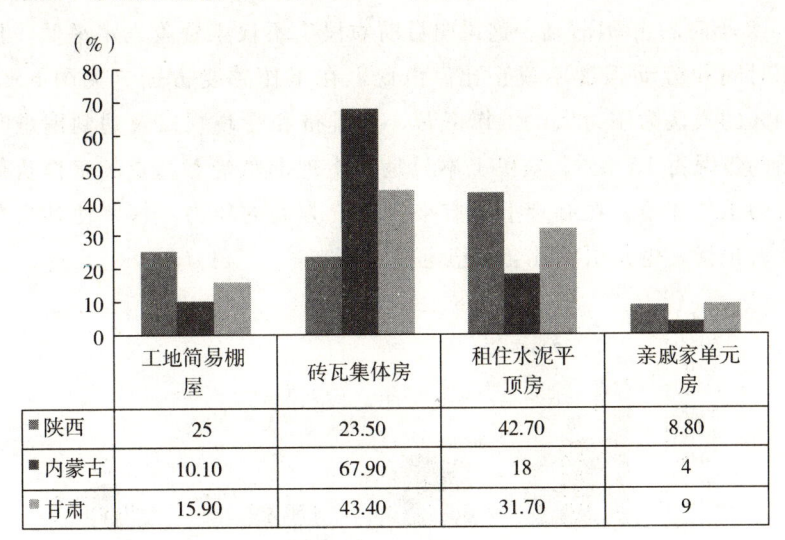

最后，从居住条件看，如图 5-5 所示。

	工地简易棚屋	砖瓦集体房	租住水泥平顶房	亲戚家单元房
陕西	25	23.50	42.70	8.80
内蒙古	10.10	67.90	18	4
甘肃	15.90	43.40	31.70	9

图 5-5 三省（区）农民工现有住房条件

从三省（区）农民工居住条件看，他们居住条件差，居住环境恶劣，均没有自己的住房。

（2）从实际工作状况看，主要表现为劳动强度大，工作感受差。

劳动强度主要用劳动时间和工作感受来表示，从劳动时间看，如图 5-6 所示。

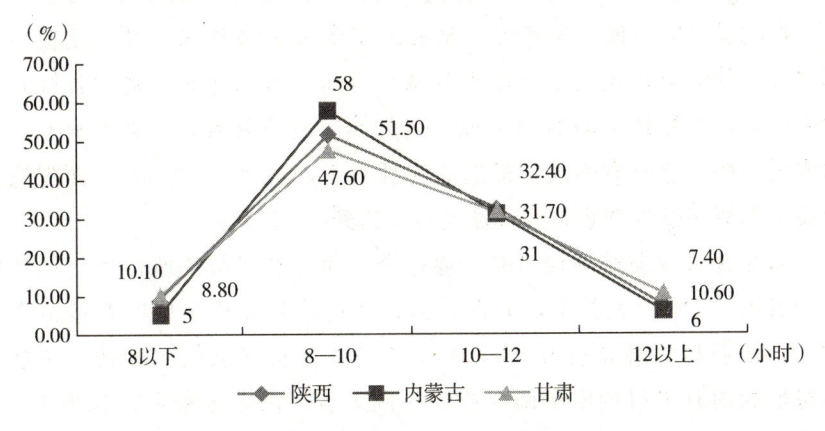

图 5-6 三省（区）农民工工作时间分布

调查数据显示，样本农民工平均每周工作 6.29 天，平均每天工作

8.93 小时。从工作时间看,每天工作 8—10 小时的占 47.6%,每天工作 10—12 小时的占 31.7%。这说明目前农民工不仅工资收入水平低,且与工作时间和劳动强度不成正比。由此,在工作感受方面(见图 5-7),70.9% 的人认为压力大,工作辛苦,被排挤和受歧视以及遇到困难时很无助的情况占 13.2%。农民工不只是在生理上承受着超重的工作负荷和恶劣的工作环境,在心理上还有来自社会方面的压力,这些使其生存状态令人担忧,也是引发社会不稳定的因素之一。

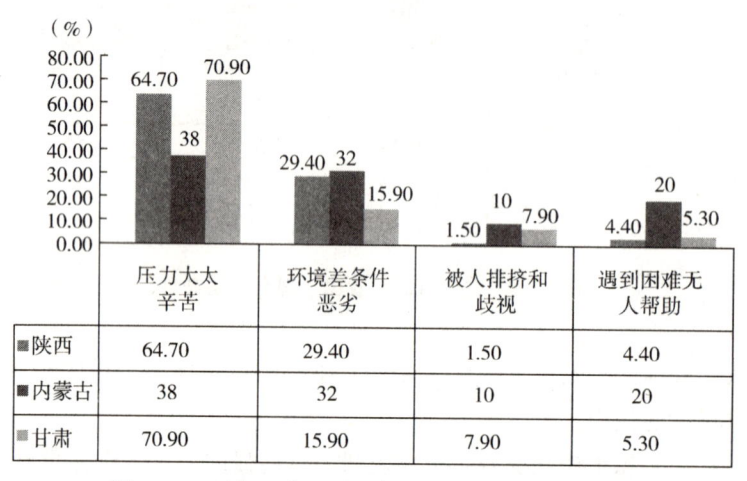

	压力大太辛苦	环境差条件恶劣	被人排挤和歧视	遇到困难无人帮助
陕西	64.70	29.40	1.50	4.40
内蒙古	38	32	10	20
甘肃	70.90	15.90	7.90	5.30

图 5-7 西部三省(区)农民工日常工作感受状况

(3) 从权益保障状况看,主要表现为侵权现象多,维权途径少。

在权益保障方面,调查主要是通过工资是否被拖欠以及合法权益受到侵害时的解决途径两个方面进行调查分析。近几年来,随着各级政府对农民工的工资拖欠问题的重视,拖欠情况有所好转,但调查显示,三省农民工的工资时有拖欠,最低的为甘肃省,占比 52.3%,陕西省拖欠农民工工资问题最严重,经常拖欠占比达到 19.1%。

而在合法权益受到侵害时,通过合法途径加以解决所占比例依然较低(见图 5-8),尤其是内蒙古,选择独自承受和找亲戚朋友帮忙占到 77%,陕西和甘肃分别为 63.3% 和 32.2%。从寻求法律援助、通过工会帮忙和向有关机构申请调解仲裁比例来看,内蒙古最低,仅为 16%,陕西和甘肃分别为 36.7% 和 55.6%。但三省的一个共同特点是,工会在农民工权益保护中的作用没有充分发挥,均低于 10%。上述情况说明西部地区农民工的权益保障差,难如人意。调查发现,造成这一现状的一个重要原因在于维权环节多，程序冗繁，维权成本高。政府作为一个职能部门，还需进一步发挥其职能作用，切实维护农民工的正当权益。

◆ 陕西 ■ 内蒙古 ▲ 甘肃

25.90 / 35.30
16.40 / 25 / 20.60
30.70 / 7 / 13.20
8.50 / 5 / 2.90
6.30 / 4 / 28
52
12.20 / 7 / 0

找亲戚朋友帮忙　向有关机构申请　寻求法律援助　找工会帮忙　独自承受　其他

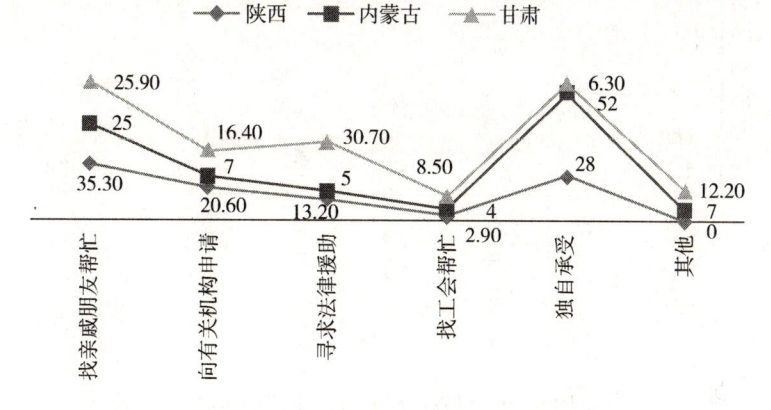

图 5-8　三省（区）农民工合法权益受到侵害时的解决途径（%）

（4）从职业培训情况看，主要表现为培训费用高，人力资本水平低。

调查样本大部分都没有资格证书，最低的为内蒙古，51%的调查对象没有任何资格证书，且没有接受过任何培训，其他两省的比例更高，在缺乏前期职业技能培训的情况下，劳动者只能选择一些低门槛、低收入的工作岗位。而由于这些职位不需要太多的专业技能，这一特点反过来又强化了农民工群体的低职业技术的特性，相应的，工资水平也相对较低。调查显示，农民工没有参加培训的原因多种多样，具体样本分布状况（见表5-5），如图5-9所示。

表 5-5　　　　　　　三省（区）农民工培训状况　　　　　　单位：人

不参加原因	培训费太高	没有时间	单位不同意	专业水平较低	对工作没有帮助	其他
陕西	62	65	25	28	27	28
内蒙古	37	53	46	57	22	41
甘肃	152	163	62	106	51	46

从三省的样本分布状况来看，没有参加培训的原因基本相似，没有时间、培训费高等都是造成农民工群体职业培训参与度低的主要原因。这一状况同时也决定了农民工的人力资本水平，进而直接影响农民工的收入水平及减贫进程。

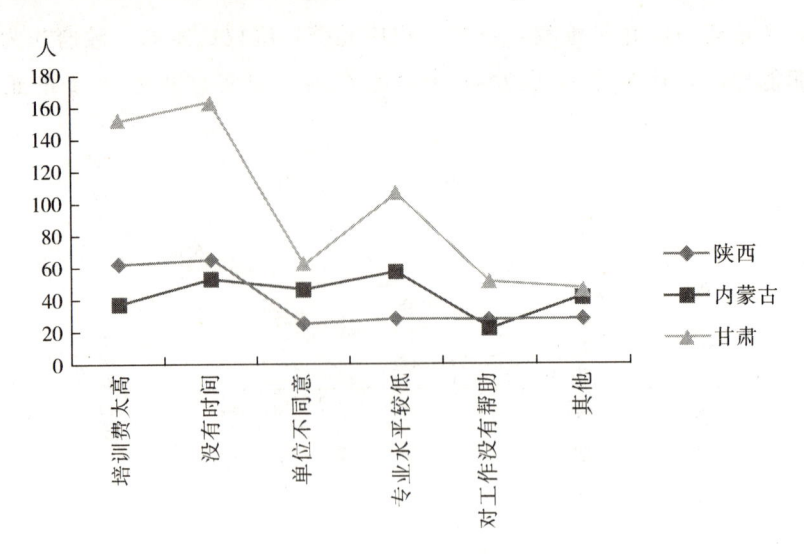

图 5-9 三省（区）农民工培训状况

（5）从融入城市情况看，主要表现为自我认同度高，城市融入度低。

通过对三省（区）农民工的调查来看，农民工认同自己是农民的所占比例最高，占比为 48.3%，其次是城市打工者，占比为 32.2%。在城市生活方面，在"是否想在城市落户"的问题上，三个地区有所区别，甘肃省占到 63.63%，而内蒙古占 22.81%，陕西占 41.94%，相比较而言，甘肃地区的农民工对城市户口的愿望更为强烈，其原因在于城市户口能提供给他们与城市居民同等的社会福利。但一个不容忽视的事实是，农民工自我认同度高的情况从某个侧面反映出西部地区农民工在城市的边缘化特征，同时也映衬出西部地区农民工具有浓厚的人文贫困特征。

（6）从自我评价和未来打算看，主要表现为社会地位低，未来预期迷茫。

在自我评价方面，课题组用"您认为自己的收入在当地城市属于哪个层次"、"您对自己现在的就业岗位是否满意"以及"您对自己目前的社会地位是否满意"三个问题进行描述，三个问题的结果都显示，三省（区）的农民工样本对收入和社会地位都不满意。最低的甘肃省，有 77.25% 的农民工认为自己的收入在当地城市中属于中下水平，85.18% 的农民工对自己的就业岗位不满意。

在对未来的打算方面,"暂未考虑"和"想过但不知道将来怎么办"的占了一半多,想留在城市安家落户的只占小部分,最多的是内蒙古,占比为20%,选择回家务农的人数都是最少(见表5-6,图5-10)。

表5-6　　　　　　三省(区)农民工未来的打算　　　　　　(%)

未来归宿	暂未考虑	想过但不知道将来怎么办	过几年回家务农	学门手艺找个好工作	留在城市安家落户
甘肃	33.86	19.58	4.23	25.4	16.93
内蒙古	29	31	8	12	20
陕西	42.64	29.41	2.94	8.82	16.18

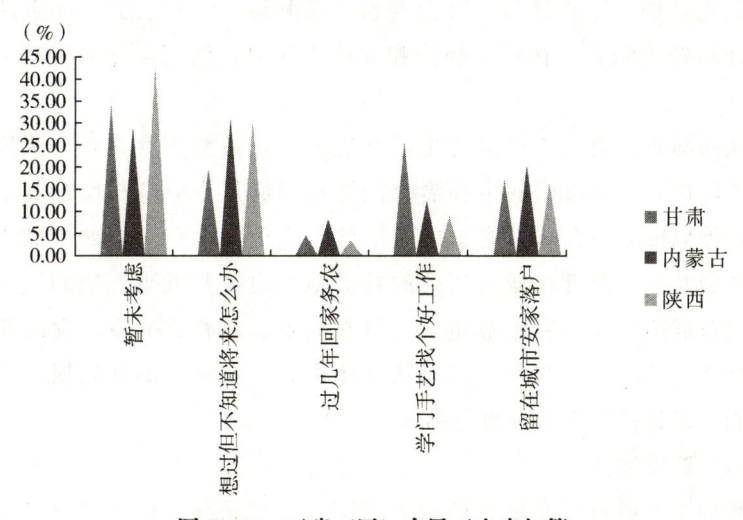

图5-10　三省(区)农民工未来打算

从上述五个方面的调查数据,我们可以概括出西部地区农民工生存状况的基本特征:

第一,以陕西、甘肃和内蒙古为代表的西部地区农民工群体整体收入处于城市中等水平以下,工资收入与劳动时间和劳动强度不成比例,仅能满足基本生活需求。

第二,西部农民工群体整体素质和劳动技能水平不高,缺乏培训,劳动权益得不到应有的保障。

第三,农民工的贫困不仅表现在表象层次上的物质贫困,还有更深层面的人文贫困。农民工群体难以融入城市,难以分享城市基本公共服务设施,对待未来迷茫,人文贫困有进一步加剧的趋势。

第三节 西部地区农民工的贫困现状及基本特征

一 西部地区农民工的贫困现状

进城农民工，虽然从一定程度上已从传统的农民群体中分化出来，并且获得较之农村而言的比较高的收入和较之以前截然有别的新的职业，但"由于生活环境、职业技能和生活方式上的差异，他们一直被视作为一个游离于主流社会的特殊群体来对待。和城市居民相比，他们在物质文化条件、工作环境、社会身份、福利待遇、社会交往和生活方式等方面均处于弱势。在城市经济和文体生活中，他们是一个相对贫困的群体"[①]。

从西部地区农民工目前的生活状况来看，虽然不存在食不果腹、衣不遮体的情况，最起码的生存需求能够得到满足，但是与城市其他群体相比，他们依旧处在非常窘迫的生活状态之中。他们不仅处于城市收入分配的最底层，而且在城市所处的社会地位也极其低下。他们经常受到城市强势群体的歧视和不尊重，而且在就业、教育、健康、发展机会方面也享受不到应有的权利。所以从整体来看，农民工的贫困属于广义上的贫困，既包括物质贫困也包括人文贫困。

(1) 物质贫困

我们主要通过对农民工的收入状况、消费状况、住房状况等客观生活条件的描述以及农民工对这三项的满意度来衡量农民工的物质贫困。

第一，收入状况。农民工工资低于城镇职工工资，"同工不同酬"现象较为普遍。农民工进城以后一般在次级劳动力市场就业，以体力劳动为主，收入状况低于总体工资水平。以陕西为例，2012年陕西城镇非私营单位就业人员年平均工资为43073元，其中，在岗职工平均工资44330元，月工资平均3694元。其中在岗职工平均工资水平排在最后的行业依次是：批发和零售业，住宿和餐饮业，建筑业，而这些行业都是农民工相对集中的行业。从前面西部三省（区）农民工的收入水平的调查数据看，他们的工资大部分分布在2000元以下。和城市居民相比较，农民工

---

① 朱力：《社会问题概论》，社会科学文献出版社2002年版，第457—458页。

的付出与回报极不对称。据 2005 年国务院课题组对农民工的调查报告中显示：农民工月实际劳动时间超过城镇职工的 50%，但月平均收入不到城镇职工平均工资的 60%，实际劳动小时工资只相当于城镇职工的 1/4。[①]

近年以来，西部地区农民工工资虽然上涨幅度较大，但是整体工资水平仍然低于全国平均值，与东部地区也存在较大差距。扣除物价指数，西部地区农民工工资水平低也是一个不争的事实。

农民工工资收入虽然低，但是在访谈中我们发现，尽管农民工自己也知道自己与城里人相比属于"廉价劳动力"，但是多数农民工对自己目前的收入状况、工作条件还是比较满意的，这主要是他们与自己在农村的收入相比较的结果。

案例一：张某（男），年龄：42 岁，建筑工人。

"家里四口人有不到五亩地，平时种玉米、小麦。小麦每年能卖 2000 元，玉米能卖近 2000 元，在化肥农药上的开销近 1000 元，一年纯收入最多也不过 3000 元。家里俩孩子上学，大女儿今年上高中，男孩上初中，再加上其他开销，仅靠种地远远不够。我现在在工地上每个月除去花销，还能赚个 1000 元左右。但就是活干不长，一年最多干七八个月。即便这样算下来，一年至少也能收入五六千元，比种地强多了。但是工地上的活太辛苦了，每天又脏又累。"

案例二：徐某（女），年龄：40 岁，建筑工人。

"我们是从四川过来的，这个工地上大都是我们那儿的人，工头也是。我丈夫也在这个工地上，他干木工，我干小工。我们村上的能出来的差不多都出来了，待在家里的都是老人、小媳妇和小孩。不出来不行啊，我们那里是山地，养不活人。村里的男青年不出来，连个媳妇都娶不上。我们俩在外面打工，干好了，一年能赚一万多块钱，在家种地好几年也别想赚这么多。就是干这个活太脏了，每次收了工走回宿舍的路上，看到城里人看我们的眼光都是很瞧不起的样子，不过现在也习惯了。我们在外面打工虽然比不上他们城里人，但在村里人眼里，我们能在城里见大世面也是很风光的。"

[①] 国务院研究室课题组：《中国农民工问题研究调查报告》，中国言实出版社 2006 年版，第 12 页。

由此我们可以看出，农民工在收入上低于城市平均水平，经济地位也低于城市居民。但是他们的收入大于务农收入，经济地位也远远高于农村中的农业劳动者。在他们眼里务农之所以没出息，不仅在于务农收入低甚至还要亏本，而且还因为务农不能出来见世面。

第二，消费状况。农民工是一个特殊的消费群体，他们打工的主要目的不是为了改善自己在打工所在地的生活，而是为了改善远在农村的自己整个家庭的生活及其孩子上学，这是农民工消费决策的逻辑起点，所以他们在消费行为上体现出如下几个特征：

首先，农民工总体消费层次和消费水平低，用来维持生存的消费支出占主导地位。前面调查数据显示，农民工的生活消费支出主要在"吃、住"方面，而且普遍存在压低生活费的状况。其中80%以上的农民工群体，食物消费占其总消费支出的50%以上，即80%以上的农民工的恩格尔系数在50%以上，意味着80%以上的农民工处于温饱和贫困之间。

表5-7　2012年西部各省（自治区、直辖市）城乡居民恩格尔系数　（%）

省区	城镇居民	农村居民
陕西省	36.2	29.7
四川省	40.36	46.85
云南省	39.4	45.6
重庆市	41.55	44.2
贵州省	39.67	44.61
甘肃省	35.82	39.76
青海省	37.80	34.81
宁夏回族自治区	33.90	35.35
新疆维吾尔自治区	37.7	36.14
西藏自治区	49.33	53.34
广西壮族自治区	38.98	42.76
内蒙古自治区	30.84	37.29

资料来源：根据2012年西部地区各省（自治区、直辖市）统计数据计算整理而得。

从表5-7西部地区城镇居民和农村居民的恩格尔系数可以看出，西部地区农民工处于绝对贫困与相对贫困之间，其贫困程度不仅高于城市居民，也高于农村居民。

其次，农民工消费观念和消费方式日趋多元化。在调查中发现，30岁以下的农民工消费水平明显高于30岁以上的农民工。30岁以下的农民工消费方式上普遍存在效仿城里人的现象，用于娱乐的消费增多，但是用于提高自身技能和素质的发展性消费支出占比很小。30岁以上的农民工大都结婚生子，兼有赡养老人和抚养子女的义务，家庭负担比较重，节衣缩食，有很强的储蓄倾向。在问及寄回农村的钱的主要用途时，选择用于子女教育的比例高达57.5%。这一方面说明了农民由于自己生活比较艰难，想通过教育来改变子女命运的愿望较为迫切；另一方面也说明了教育费用目前已经成为农民工家庭的沉重负担。

多数农民工认为城市生活比乡村生活要进步得多，但是我们看到农民工的城市生活离现代化城市生活水平还有很大的差距。并且从贫困与消费标准的相关变动来看，农民工的消费已经属于典型的贫困，只不过这种消费是农民工自愿选择的结果。农民工家庭虽然有高于贫困线的收入，但是由于过去或未来有着特殊的支出需要而不得不将其现在的消费压低到贫困线以下，这实质上是农村贫困在农民工城市生活的反映。

再次，居住状况。农民工的居住状况非常恶劣，人均居住面积大大低于城市居民。西安市的调查数据显示，35%的农民工与工友或者老乡合租在城乡结合部的民房中，其中租住面积最高者30平方米，最低者5平方米，人均居住面积14.5平方米。有62%的打工者住在单位免费提供的宿舍或者建筑工地的工棚内，只有3%的打工者有自购住房。

从农民工的居住条件看，自租房的，无论是人均住房面积还是房屋内的设施都要明显好于雇主提供的宿舍。但是随着城市房价的飙升，房租已经成为农民工的主要负担之一。根据陕西省统计局的调查数据，2009年上半年城镇居民的住房支出约为72元/月，占人均可支配收入的5.9%，占人均消费支出的8.4%。而西安农民工的住房支出约为110元/月，占消费支出的15.6%。为了减少开支，许多农民工仍愿意住在单位免费提供的集体宿舍或者工棚内。在农民工的居住地，我们看到六七个人挤在一间民房或者十几个人挤在工棚之内，环境嘈杂，采光和通风条件非常差。

农民工城市住房问题影响农民工的城市归属感，调查中16.3%的人对目前的住房情况很不满意，50%的人不满意，认为一般的占27%，满意的仅有6.7%。由于在城市里的住房条件差,大部分农民工认为自己在家乡的房子很好,以后肯定回去。

最后,社会保障状况。农民工虽然在城市从事非农产业,但是却不能像城市职工一样享受到工伤、医疗、教育、失业等方面的保障。根据陕西省总工会2004年对9242名农民工进行的问卷调查,参加养老、失业、医疗、卫生和生育保险的分别占6.6%、1.5%、5.4%、8%和1.3%。从参保人员的构成来看,主要是企业中层领导、技术销售人员及老板的亲属和朋友,普通农民工几乎没有。[①] 所以农民工在城里最担心的就是生病,高额的医疗费对于收入普遍较低的农民工来说根本无法承受。在此次调查中发现,农民工生病之后,2%的人根本不去看,在家硬撑着。20%的人根据以往经验自己在药房买药吃,27.7%的人在居住地附近的便宜私人诊所看病,不去正规医院看病的人高达50%。

西部地区农民工的社会保障状况也远远低于东部地区农民工。以医疗保险为例,截止到2005年底,农民工参保人数为489万人,主要集中在广东、江苏、四川、福建、浙江5个东部省份。因为没有健全的制度保障,农民工的权益经常受损。据四川省民工救助中心几年前做过的一个专项调查,结果显示,四川农民工每年因为权益得不到有效保障而造成的损失,占到当年农民工收入的10%,平均每位农民工每年要损失几百元。[②]

除了享受不到应有的保险,农民工遭受职业病和意外伤害的概率非常大,生命健康权得不到维护。据国家安全生产监督管理局统计,全国因工伤致残人员近70万,其中农民工占大多数。据统计2004年1—4月份,全国煤矿共发生伤亡事故1093起,死亡1589人,全国建筑行业同期共发生安全生产事故589起,死亡605人,其中大部分为农村转移劳动力,特别是在农村转移劳动力集中的建筑行业,比例高达90%。[③] 职业病,是指劳动者在职业活动中,因接触粉尘等有毒、有害物质而引起的疾病。由于大量的农民工从事"苦、脏、累、险"的工作,因此农民工是目前受职业病危害最严重的一个群体。在一些地方农民工家庭因职业病

[①] 郑功成、黄黎若莲等:《中国农民工问题与社会保护》,人民出版社2007年版,第505页。

[②] 侯大伟、许茹:《从"民工荒"中,我们却读出一种力量在成长》,www.xinhuanet.com. 2009-10-30。

[③] 赖永剑:《我国农村劳动力转移的交易成本研究》,广西师范大学,2007年,第33页。

致贫、返贫问题十分突出。

此外,农民工还经常面临失业的风险。在调查中约有20%的农民工曾有过失业的经历,而且农民工在城市里最担心的就是"没活干"。目前我国失业保险的适用范围只是城镇职工,并未将农民工包括在内。农民工失业后既享受不到失业保险也不能享受最低生活保障,一旦失业将会面临贫困。农民工对失业的担心也为企业留下了可乘之机,很多企业抓住农民工害怕失业的心理,故意压低工资,不签订用工合同,为企业侵权埋下了隐患。

通过以上描述,我们发现西部地区的农民工在物质生活方面与其他地区的农民工具有同质性,即农民工群体普遍存在收支低、住房差、劳保福利不健全的现象。但是,西部地区的农民工在平均收入和社会保障方面又远远低于其他地区。目前,东部等经济发达地区已经开始将农民工纳入城市社会保障体系,但是在西部地区,政府、企业对农民工的权益保障还没有达成共识。西部地区农民工的贫困是介于绝对贫困与相对贫困之间的一种基本贫困状态,他们的收入虽然高于贫困线,但是他们对贫困线的变动非常敏感,一旦失业或者发生意外,陷入绝对贫困的可能性极大。

(2) 人文贫困

西部地区城乡二元经济结构显著,城乡差异明显,人们的思想观念较为落后,因户籍制度造成的城市居民的自我优越感更强烈,对来自农村地区的农民工的排斥心理也更强,所有这些因素容易强化农民工的人文贫困。本书将从农民工的受教育权、精神状况、政治权三个方面来描述农民工的人文贫困。

第一,教育权利的贫困。受教育权是指公民依法享有的要求国家积极提供均等的受教育条件和机会,通过学习来发展其个性、才智和身心能力,以获得平等的生存和发展机会的基本权利。[①] 但是由于户籍制度,农民工的受教育权受到限制,主要表现在农民工子女在义务教育阶段难以接受良好的教育和农民工自身职业教育的缺乏,这已严重影响到农民工及其子女的发展能力。

首先,农民工子女的教育问题不容乐观。由于工作方式的特殊性,

---

① 龚向和:《受教育权论》,中国人民公安大学出版社2004年版,第29页。

农民工夫妻双方进城打工,其子女大致有两种安置情况:一种是留在家里,由老人或亲戚看管,即通常所说的"留守儿童"。据中国人民大学人口研究所测算,农村的留守儿童为2290多万,主要分布在中西部地区,农村留守儿童与单亲生活在一起的约为56.4%,隔代抚养的约为32.2%。① 由于父母常年不在身边,留守儿童缺少应有的关怀,不仅导致一些儿童的营养不良和健康状况较差,而且留守儿童的学习成绩也普遍较差,心理问题较多,容易走上歧途。除了将子女留在家里,另一种就是将子女带在身边,这些孩子即所谓的"流动儿童"。据调查,这些小孩在5—10岁和10—15岁这两个年龄段所占的比例较大,分别占到39.85%和40.60%,这两个阶段正好是接受义务教育的阶段。② 但是,目前我国现行的教育体制是和户籍制度捆绑在一起的,实行分级管理、地方负责,因而农民工子女在城里接受义务教育受到限制。在本次调查中仅有12.1%的农民工子女在其打工的城里读书,而且仅限于经济条件较好的私营老板。其中72.8%的农民工子女在家乡的学校读书,其中一个重要的原因就是城市生活、教育费用太高。但是54%的农民工希望把子女接到城里来上学,原因是城里师资力量强,教学质量高,将来可以考一个好一点的大学。城里私立学校收费太高,能进入的仅限于小部分在城里经济状况较好的农民工子女,一般农民工微薄的收入根本负担不起。但是公办学校受资源的限制对农民工子女的吸纳能力有限,农民工子女如果想到城里上学,不仅需要找各种各样的关系,托亲戚,找朋友,而且还要交高额的赞助费和借读费。烦琐的入学手续、有限的入学名额,让没有任何社会资源的流动儿童及其家长望而却步。而打工子弟学校凭着较低的入学门槛和收费吸引了大量的农民工子女。但是,这些学校均属私人办学,大都没有合法的办学手续,没有被正式制度接纳和承认,经常受到清理、整顿、强行拆散和取缔。而且由于这些学校经费来源单一,办学条件和师资队伍受到限制,办学条件不达标,存在的问题较多,教学质量堪忧。如果在城市不能接受教育,孩子只能回到户籍地读书,与父母分居两地,成为"留守儿童"。

其次,农民工自身受教育培训的机会相对缺乏。随着产业结构的调

---

① 国务院研究室课题组:《中国农民工调研报告》,中国言实出版社2006年版,第229页。
② 韩长斌:《中国农民工的发展与终结》,中国人民大学出版社2007年版,第66页。

整，岗位对打工者学历的要求越来越高。但是目前农民工与城市职工在享受培训、再教育的机会方面并不均等。城市下岗职工一般都可能享受到政府提供的再就业培训，而农民工却与此无缘，而且没有几个用人单位愿意为农民工提供免费的培训机会，他们一般都把农民工当成临时工。西安市的调查数据显示，仅有 8.3% 的农民工在打工期间接受过单位的技能培训，有 27.7% 的农民工自费接受过技能培训，64% 的农民工在打工前后都没有接受过任何技能培训。但是问卷调查显示，农民工并不是人力资本投资意识欠缺，绝大部分农民工表示如果有机会希望并乐意接受相关的技能培训，75% 的农民工认识到技能培训有利于以后的个人发展，可以找到更好的工作，增加收入。在访谈中我们也可以明显感觉到那些没有技能的农民工对技能工的羡慕："他们（指木工）赚的比我们（水果商贩）多多了，他们属于技术工，我们没有技术。""像我们这些都是小工，主要就是推沙子、上料，一天才开（赚）50（元），那些大工（工地上有技术的工人）开（赚）得多，一天都 120 元。"当问及为什么不去学点技术时，有人认为自己年龄大了，没有时间和精力；有人提出不知道到哪里去学技术，学什么样的技术；有人认为培训费太高，怕学完后找不到工作。

由此，我们看出农民工接受再培训受到以下因素的制约：一是农村劳动力市场发育不完善，就业信息不畅，缺乏对农村劳动力就业的培训与指导；二是农民工收入偏低，无力支付高额的培训费用，在存在较多不确定因素的情况下，农民工选择规避风险。在调查中我们也看到，35 岁以下的农民工接受过培训的比例明显高于 35 岁以上的农民工，所以年龄和家庭等自身条件也是制约农民工接受再培训的因素。

第二，精神贫困。精神贫困是指"人的追求、信念、价值观、习惯等人类理性滞后，缺乏基本生存与发展的技能、方法，无法满足现实生活基本需要的状况"。[①] 总体来说，农民工精神贫困表现为思想观念落后，文化生活贫乏，社会融合度低，内心自卑、孤独、空虚等。

首先，农民工的精神文化生活贫乏。一方面，由于受经济条件的限制，农民工难以在城市找到适合自己消费特点和消费层次的文化生活。调查显示，农民工的文化生活仅限于花钱不多或根本不用花钱的项目，

---

① 杨云峰：《农民工反精神贫困探析——以社会工作视角》，《社会科学战线》2007 年第 5 期。

睡觉、聊天、打牌、听收音机、看电视、逛街等占据了大多数农民工的业余时间。另一方面，农民工原本属于农业社会的文化模式受到城市现代工业文化模式的冲击，思想上表现为落后保守与有限进步的特点。他们在耳濡目染中不自觉地接受着城市文明的洗礼，但在内心深处又刻意保持着原来的地域文化和农村那些落后于时代的观念、价值取向、风俗习惯。他们的文化与原有文化发生了断裂，但又不属于城市文化，处在城市文化和农业文化的边缘境地。

其次，社会融合度低。绝大多数农民工进城务工是依靠老乡和亲戚朋友介绍，所以农民工进城后人际交往仍然束缚在亲戚、老乡、工友的范围之内，并且在居住空间上与城市居民表现为社会群体隔离。绝大多数农民工居住在城乡结合部或者"城中村"的民房内，几乎与城市居民住宅区隔绝。减少了农民工与城市居民交往的机会，不但影响了农民工与城市居民和谐融洽关系的建立，也影响了农民工市民化的进程。农民工与城市居民之间存在巨大隔阂的事实在本次调查中再次得以证实，调查显示66.8%的农民工认为城里人不好相处，不愿意与当地市民交往的占到42.6%。只有24.2%的农民工认为城里人好相处，15%表示愿意与当地市民交往。

最后，一些农民工存在心理问题。农民工多数是农村中的精英群体，在家乡具有年纪轻、见识广、文化高的优势，但这种优势到城里马上就黯然失色。与城里的同龄人相比，农民工的素质普遍较低。由于职业和社会身份低微，部分农民工往往会产生失落、焦虑、自卑等心理问题。同时，由于户籍制度，农民工很难获得与城市居民相等的福利待遇，绝大多数农民工有很强的被歧视感和被剥夺感。而心理问题又造成了农民工角色意识的模糊，在调查中，79%的农民工认为自己不是城里人，9%的说不清楚，仅有12%的认为自己是城里人。当问及是否介意被称作农民工时，69.7%的回答是，30.3%回答否。

农民工的精神生活影响到农民工的行为方式，农民工的行为方式集中了其生活态度、价值取向和行为风格，凝聚了其精神贫困的文化特征。是以一种报复行为去应对歧视，还是以一种积极地参与去争取社会的支持，这些都是农民工精神生活的反映。近年来，部分农民工所在的"边缘社区"的违法犯罪问题逐年攀升，已经成为影响整个城市社会治安稳定的重要因素之一。社会过多强调的是农民工犯罪行为的负面影响而很少思考导致农民工犯罪的社会原因,如果城市社会能够以接纳和合作的方式去对待农民工,关注农民工的精神世界,缓解农民工的心理压力,农民工的犯罪问题必能得到缓解。

第三,政治权利的贫困。农民工政治权利的贫困,主要是指农民工群体被排斥在政治参与和政治决策之外,从而使他们丧失了本应属于自己的公民权利。

首先,农民工的人身自由权受到限制。人身自由权是公民依法享有的其人身和行动完全由自己支配而不受干预和限制的权利。它是公民参加社会活动和享有其他权利的前提。我国宪法也明确规定了:"中华人民共和国公民的人身自由不受侵犯。"但是在实际生活中,农民工的人身自由受到了变相的限制。其一,农民工自由迁徙的权利受到限制。在计划经济体制下,为了建立比较完整的国民经济体系和工业体系,我国实行了严格的户籍管理制度和就业制度,这一制度对农民的迁徙和流动进行了严格的限制和束缚。改革开放之后,随着家庭联产承包责任制的推行,大量的农村剩余劳动力被释放出来,国家对农民的流动也从原来的完全限制到逐渐放开。特别是2000年下半年以后,国家先后颁布了一些政策法规来取消对农民进城的一些不合理限制,禁止滥收费现象。但是由于受身份等级壁垒的限制,农民仍不存在完整意义上的自由迁移权。这主要表现在迁入地政府对农民工进行的消极性限制,通过对迁移者实行以户籍限制为依托的涉及就业、教育、社会保障等一整套差别政策和歧视性待遇来减少公民的自由迁徙。其二,农民工经常受到用人单位的非法人身限制。陕西省总工会曾对9242名农民工调查发现,被打骂过的农民工有362人,占3.9%。西安北郊一个砖瓦厂将100名农民工长期"囚禁"在厂内,不准打电话,不准接待来人,强迫超时劳动。农民工吃的是白菜萝卜煮面条,住的是临时搭建的油毛毡棚,若逃走被监工抓住就要遭受棍棒毒打。一个农民工借上厕所翻墙逃跑报案,该厂才被查处。① 其三,农民工的人格尊严经常受到践踏。农民工从踏进城市那时起,就被划入了管束的对象范围。部分农民工要缴纳暂住费、管理费等名目繁多的费用,流动商贩还经常受到城市管理人员的追赶、辱骂。此外,农民工经常受到雇主的歧视和虐待,有些女性农民工还受到雇主的性骚扰,

---

① 郑功成、黄黎若莲:《中国农民工问题与社会保护》,人民出版社2007年版,第505页。

人格尊严受到践踏。

其次，农民工选举权的行使受到限制。选举和被选举权是公民政治参与的基本形式，我国宪法规定，年满18周岁的公民，除依照法律被剥夺政治权利的人以外，不分民族、性别、种族、家庭出身、宗教信仰、教育程度、财产状况、居住年限，都有选举权和被选举权。但是按照现行的选举制度，农民工的这一权利只能在户籍所在地实行，因而农民工被排斥在务工所在地的政治生活之外。同时因为农民工常年在外打工，对家乡的信息不了解，回去参加选举的成本又大，迫于各方面条件的限制，也不愿回去参加农村的事务，因而处于政治选举的边缘状态。在调查中，仅有14%的农民工在城市里参加过投票选举活动，而且仅仅局限在国有企业中的非正式职工。

最后，农民工被排斥在社会组织之外。农民工离开农村但尚未纳入城市的行政体系，因而在政治权利上缺乏有效的利益表达渠道，或者根本就没有利益表达可言。在城市，他们游离于现有的体制之外，没有与地方政府沟通的途径和代表农民工监督政府的手段。农民工加入工会，享受工会的保护是合法合理的行为，是他们的一项基本权利。但是目前基层工会组建率和职工入会率都比较低，特别是在西部地区，非公有制企业少，工会组织发展尤为缓慢。在调查中，仅有4%的农民工听说或知道工会组织，而且在被调查对象中，没有一人加入工会组织。当问及是否愿意加入为打工者服务或者维权的组织时，54%的农民工愿意，23%的农民工回答不清楚，19%的农民工回答不愿意，不愿意的原因大致有：觉得加入了也没用；担心加入了给自己带来不必要的麻烦。

农民工权利意识的增强引发政治需求的升高，但是由于利益表达渠道的堵塞和利益代表机构的缺失，一旦这种张力无法实现，就可能积累并在一定契机下爆发，比如，在"讨薪新闻"中，农民工"屡屡采取跳楼、服毒、爬吊塔、堵门、堵路等极端手段讨要工钱"，长此以往，将危害社会稳定。

西部地区农民工与其他地区的农民工一样，在人文精神上都普遍面临来自城市的歧视和排斥，处于城市社会的最底层，缺乏生存和发展的平等机会。这说明农民工人文贫困与农民工的个体变量没有直接的关系，农民工人文贫困是一个普遍的社会现实。

二 西部地区农民工贫困的主要特征

通过以上对西部地区农民工贫困现状的描述，我们概括出西部地区农民工贫困的几个主要特征：

第一，西部地区农民工贫困是介于绝对贫困与相对贫困之间的基本贫困状态。农民工的收入一般来说比在家务农的收入要高，所以很多学者将农民工贫困定义为相对贫困，即对所在地的城市居民而言的贫困，对其他农民而言未必贫困。但是简单地拿农民工的收入进行贫困水平的测量，很容易抹杀农民工贫困的现实。因为，如果以农民工的消费结构作为确定农民工贫困线的主要依据，并以之与当地居民的贫困线作比较，我们发现，50％以上的农民工在消费上低于城市贫困线，也就是说一半多的农民工的实际生活水平低于贫困标准。从消费的角度衡量，绝大多数农民工甚至属于绝对贫困。所以，对农民工贫困的衡量应该综合农民工的收入与消费状况，以此出发，本书认为农民工的贫困属于基本贫困。

所谓基本贫困是指不能满足基本需求的贫困状态。也就是说有一些穷人，生活不会有饥饿问题出现，不会危及生命。他们的物质条件已经能够满足生理上的需求，但在衣食住行方面常常会出现捉襟见肘的情况，生活很不稳定。[1]

从目前的状况来看，西部地区农民工虽然消费水平比较低，但是绝大多数农民工的生活不存在饥饿问题，他们的物质条件已经能够满足最起码的生理上的需求。但是绝大多数农民工家庭收入不稳定或者收入增长缓慢，他们经常面临生活和工作等方面的窘境。实际上他们对贫困线的变动非常敏感，属于高风险人群，家庭中的主要打工者一旦失业或者发生意外，整个家庭陷入贫困的可能性非常大。

第二，西部地区农民工的物质贫困更为明显。农民工群体普遍存在收支低、住房差、劳保福利不健全的现象，物质贫困是一个显著的事实。但是，西部地区的农民工与其他地区农民工相比，平均收入更低、社会保障更不健全。

目前，东部等经济发达地区已经开始将农民工纳入城市社会保障体系，对农民工的人文关怀已经达成共识。例如，北京市针对农民工的社

---

[1] 唐钧：《中国城市居民贫困线研究》，上海社会科学院出版社1998年版，第20页。

会保障问题，2001—2004 年先后出台了《北京市农民工养老保险暂行办法》、《北京市外地农民工工伤保险暂行办法》、《北京市外地农民工参加基本医疗保险暂行办法》等保障农民工权益的文件。文件中规定，在养老保险待遇方面，农民工养老保险的缴费率和城镇职工一样，缴费基数低、方式更加灵活，而且农民工劳动合同期满终止或解除劳动合同时，养老关系可以转移；在医疗保险方面，由用人单位缴纳基本医疗保险费，农民工个人不缴费；在工伤保险方面，一旦农民工发生工伤，无论单位是否参加工伤保险，均要承担相关的工伤保险责任。① 而且在东部地区，农民工的保险意识和自我维权意识日益增强。但是在西部地区，政府、企业对农民工的权益保障认识没有达成共识，农民工自身的保险意识和维权意识也较差。所以，从收入和社会保障的角度来看，西部地区农民工的物质贫困特征更为明显。

  第三，西部地区农民工贫困属于典型的流动性贫困。农民工无论是职业地位高低的变化，还是受到城市社会的排斥，都因流动而起。职业上，农民工由原来素质较高的农业生产者转变成非农业生产者，由于缺乏非农就业的技能与适应城市生活的能力，他们只能从事城里人不愿干的职业，收入低、经常面临失业的风险；社会地位上，因为社会空间的流动，部分农民工的农民身份不仅使他们被排斥在城市社会的政治、经济权力之外，而且使他们受到来自城市社会的歧视，由农村中的精英阶层变为城市社会的最底层。所以，农民工的贫困属于典型的流动性贫困。当然这并不是说只要流动就会产生贫困，不流动不会产生贫困，而是说农民工在城市遭遇的贫困根源于农村贫困。

  第四，西部地区农民工贫困的实质是农民的权利贫困。权利贫困是指人们的政治、经济、社会和文化等权利遭到排斥和剥夺，缺乏平等参政议政、公平竞争、公平接受教育等应有的权利，从而在社会政治经济生活中处于劣势地位，容易陷入贫困境地的情况。② 表面上看，农民工贫困表现为，经济收入不足、就业机会丧失、医疗教育缺乏等物质贫困，又体现在社会权利被剥夺、社会交往排斥等人文贫困，但实质上农民工的贫困源于农民的权利不足。长期以来，农民群体由于经济力量、政治

---

① 《北京市农民工社会保障制度的问题与思考》，www.cnss.cn. 2007 - 12 - 08。
② 王雨林：《对农民工权利贫困问题的研究》，《青年研究》2004 年第 9 期。

力量和文化力量的低下，使得他们在表达利益需求和实现自己的利益上处于无力状态，在社会竞争中处于非常不利的地位。农民的权利缺失导致了农民工在城市权利的被剥夺，影响了他们公平竞争、自由就业、平等接受教育等。同时，农民的权利缺失也给农民工造成了心理暗示，压制了他们争取自身权利的能力和意识。

第六章 西部地区农民工贫困的原因分析

农民工的贫困是因流动引起的，但是在流动的过程中，既有来自城市社会的各种外部因素，诸如相互分割的二元劳动力市场和二元经济体制，同时也有农民工自身存在的一系列内部因素。应该说，西部地区农民工的贫困是这两种因素综合作用的结果。

第一节 西部地区农民工贫困的外部原因

一 相互分割的二元劳动力市场

农民工在城市的就业状况决定了他们在城市的经济地位，收入低、经常面临失业的风险是导致农民工贫困的直接原因。近年来西部地区城镇居民工资上涨幅度较快，与东部地区城镇居民的工资差距越来越小。但是西部地区农民工的工资收入增长迟缓，这说明农民工没有从西部经济增长中获得平等的收益。收入水平不仅直接制约了农民工的消费状况，而且也限制了农民工及其家庭的发展。在市场经济条件下，农民工的就业和工资受到西部地区劳动力市场机制的直接制约。

目前，我国的城市劳动力市场是二元的、分割的，存在一级劳动力市场和次级劳动力市场。一级劳动力市场工资较高、工作稳定、工作环境好、管理规范、升迁机会多，但是对人力资本的要求较高。次级劳动力市场主要由大量的非熟练工人、没有特殊技能的就业者、进入城市的农村劳动者等构成，这个市场的主要特征就是供大于求，劳动者工资低、工作条件差、就业不稳定、没有升迁机会。这个市场是竞争性的，价格机制是其基本的运行原则。因此，劳动者的教育水平和技能高低对其工资的影响成为可以具体量化的因素，次级劳动者由于人力资本存量少，几乎没有机会进入一级劳动力市场。

农民工从农村流入城市，由原来的农业劳动者转变成非农业劳动者，从事着非熟练性的劳动。多数农民工在就业前缺乏必要的技能培训，低技能的特点决定了他们只能在次级劳动力市场上就业。由此，造成了西部地区就业市场的结构性失衡。一方面有技术职称的人员处于供小于求的状态，另一方面没有技术职称的人拥挤在次级劳动力市场，出现供大于求的状态。在供求失衡的状态下，农民工的工资水平较低或者增长困难就显而易见。

此外，次级劳动力市场属于非正规就业领域，目前非正规就业并没有纳入城市的就业管理体系，政府的政策和管理也没有覆盖整个非正规就业体系，这就为部分企业侵权遗留了"制度空间"。一级劳动力市场上劳动者的工资与福利一直由政府有关部门做出客观规定，由用工单位强制执行。次级劳动力市场上的工资则没有相关的规定，因此当某些用人单位故意或者变相压低工资，提出"不签订劳动合同"的不合理要求时，在雇主面前还不具备讨价还价能力的农民工只能接受。同时，由于就业市场信息不对称，大量农民工找工作时凭借的是"熟人"关系，这本身就意味着一种不规范操作，当农民工权益受到侵犯时，很多农民工碍于面子而忍气吞声。而在没有熟人介绍工作的情况下，农民工只能进入职业中介机构，上当受骗的可能性又增大。总之，农民工就业市场的不规范为农民工权益的受损埋下了隐患。

随着市场经济的发展，市场机制对农民工就业和工资的影响将会越来越大，而短期内次级劳动力市场供大于求的状况不会改变，这意味着农民工必须通过提高技能的方式来实现职业选择和改善工资状况。

二 城乡分割的二元经济体制

发展中国家都存在着城乡二元结构，但是中国的城乡二元结构不是自然形成的，它是中国特殊制度政策的产物。新中国成立初期，国家推行重工业优先发展的战略，为了保证工业发展，采取了城市偏向的政策。一方面通过农工业产品价格剪刀差的形式，以牺牲农业为代价为工业的发展积累了大量资本；另一方面实行了严格的户籍制度。1958年《中华人民共和国户口登记条例》对户口登记的范围、户口迁移及手续、常住人口与暂住登记等方面作了明确的规定，将人口分为"农业户口"和

"非农业户口"，把资本和劳动力的流动人为地画地为牢，计划之外的资本要素的流动成为不合法的现象。与户籍制度相配套的还有城市就业制度、福利保障制度等，形成了阻碍人口迁移与流动的制度框架。当农村人口被固守在土地上的时候，城市居民却得到了特别照顾，他们的吃饭、就业、劳保、福利统统由国家统一承担。这种偏向城市市民的劳动就业和社会保障制度，不仅阻碍了人力资本在城乡之间的合理配置和流动，而且使城市居民形成一种贵族化倾向，他们俨然成了"一等公民"。所以，经过多年的发展，城市偏向的户籍制度已不仅仅在于户籍制度本身的人口管理功能，而演化成为居民"身份"标志的象征。

由于历史和社会原因，西部地区城乡二元结构比中国任何地区都更加突出。户籍制度改革缓慢，由此而衍生的各种歧视性政策成为农民工贫困的制度根源。

（1）城市劳保福利制度对农民工的排斥

首先，在劳动就业制度方面。尽管在市场经济体制的冲击下，西部地区城乡之间开始开放，流动性增强，但是城乡之间只是有限的开放，城乡之间的结构性矛盾只是有所缓和，并未根除。

20 世纪 90 年代以来西部地区产业结构的逐步调整导致下岗与失业职工增多，城市就业形势日趋严重，就业竞争加剧。为了扩大城市职工的就业空间，一些城市相继推出了限制外来劳动力就业的种种政策。例如，对农民工实行总量控制、职业和工种限制、先城后乡控制等，而且这在西部少数民族地区农牧民中表现得更为突出。对流动人口及流动人口所在的单位征收各种费用，办理各种证件，以此变相地限制没有本地户口的外来流动人口。在岗位的选择上，农民工大多只能从事城市居民甚至是当地城市贫困人口都不愿从事的脏、累、苦、险的职业。在工资待遇上，农民工面临严重的排斥和歧视：同工不同酬、同工不同时、同工不同权、严重的工资拖欠等。

其次，在社会保障及其他福利政策方面。城市职工普遍都能享受医疗、养老、失业、生育和工伤五大保险，然而农民工却因为农村户口被排除在这些保险和保障待遇之外。只有很小一部分的农民工享有一至两项水平极低的社会保障，但也不是完全意义上的社会保障。农民工甚至缺乏保障其生命健康的工伤保险，从而使那些在劳动强度大、风险高、环境恶劣的行业就业的农民工一旦发生事故因伤致贫的现象十分突出。

此外，城市对"三无"人员、贫困居民、下岗失业群体提供了有针对性的保障制度。早在 1997 年 9 月，国务院就下发了《关于在全国建立城市居民最低生活保障制度的通知》，凡是人均收入低于当地保障标准的所有城镇居民，均能得到政府救助，享受最低生活保障。而对于下岗失业人员，政府不但为其提供失业保险金，而且先后制定了一系列优惠政策，千方百计扩大就业。针对下岗失业职工采取再就业工程，对下岗职工进行再就业培训、职业指导和介绍，为其提供就业信息。如果下岗职工自主创业，也可以享受各种优惠政策：就业援助政策、税收减免政策、工商登记优惠政策、信贷优惠政策、社会保险补贴政策等。而以上优惠政策和福利待遇，对于同是居住在城市的外来流动贫困人口是可望而不可即的。

农民工的"农民"身份使他们也享受不到政府提供的任何教育、住房等福利。子女的教育问题是农民工最关心也是最头疼的问题，近年来一些地方政府也采取相应措施，创造条件解决城市农民工子女上学问题。例如 2005 年，西安市下发了《关于进一步做好进城务工就业农民工子女义务教育工作的实施意见》，规定公办中小学在容量许可的条件下，要无条件接收学区内有暂住证明的农民工子女入学。农民工子女义务教育阶段在公办学校就读的，除按"一费制"标准收费外，不得加收借读费及其他任何费用，确保农民工子女平等受教育的权利。政策的初衷是好的，但是在实施的过程中往往举步维艰。根据西安市城乡建委 2007 年 3 月的抽样调查，西安市目前约有 100 万农民工，按入学率 90% 的比例推算，西安市约有 6.7 万流动学龄儿童，入学学生数量约 6 万人。以一所学校 1500 名学生的容量计算，也需要新建 40 所学校才能满足这些学龄儿童的需要。对于西安市目前的基础教育发展现状来说，这无疑是一个较难解决的问题。[①] 在公办学校供小于求的情况下，虽然政府不允许公办学校向农民工的子女收取赞助费，但各种变相的收费仍然层出不穷。在访谈中，一位女性农民工告诉笔者，学校经常以补课为由加收孩子的补课费。尽管不收赞助费了，但是在城里公办学校的上学成本（包括生活成本）太高，供孩子上学太吃力。还有的学校拒绝接受农民工子女。在公办学校

---

① 高旭红、卫勃：《城市农民工问题调查与政策思考——以西安市为例》，《社会科学家》2009 年第 1 期。

无法满足农民工子女上学的条件下,农民工子女只能高价进入民办学校,这无疑加重了农民工家庭的负担。就住房政策来看,政府为低收入城镇居民推出了廉租房政策,申请的条件之一就是要有城市非农业户口。农民工在自购住房无门的条件下,只能居住在城乡接合部的民房之内。有些城市,农民工的聚居地已经具有了"贫民窟"的雏形。

(2) 城市反贫困政策对农民工的排斥

目前,国家对贫困人口的统计是按照行政区域的户籍人口来进行的。确定一个人是否属于贫困层,通行的方法是以各地所确立的各种城乡最低生活保障线加以具体区分的。因此,城市在统计贫困人数时,始终没有把外来农民工贫困群体统计在内,其症结就在于以农民工户籍所在地的贫困农村的最低生活保障线来衡量农民工收入。如此衡量,大批相对于所居城市生活水平而言明显贫困的外来农民工不但不应算贫困者,反而应该算是富裕者了。同时,地方政府或许也担心,扩大对流动人口的社会救助将会导致大量流动人口的涌入,从而会增加地方政府的财政负担。所以在这样的情况下,农民工贫困群体既不在农村减贫政策的范围之内,也被排斥在城市减贫政策之外。

但是,随着越来越多的外来农民工人户长期分离、常住城市现象的发展,再以其原籍的最低生活保障线作为区分外来农民工是否贫困,显然与事实和逻辑都不相符。因此,对于农民工的反贫困涉及目前城乡的反贫困机制有待与时俱进的问题,完全以户籍制度为界限而进行明确的"楚河汉界"划分的城乡扶贫机制,应该随着户籍制度的松动和流动人口的增加而相互协调和统一起来。

(3) 城市居民对农民工观念上的歧视

在我国,由于长期受二元体制的影响,人们习惯了以"出身"为标准来划分公民群体,城市居民和农民就是这种标准的派生物。户籍制度及其衍生制度在城市居民对农民工的歧视过程中扮演至关重要的角色。城市偏向的政策使城市居民在获取社会资源与竞争方面占据着优势,久而久之形成了强烈的"一等公民"的优越感。城市居民在内心深处存在着对农村人的歧视,而这种歧视往往是潜意识的,往往通过语言、表情、动作表现出来。语言上,他们称呼农民工为"那些乡下人,农村来的"、"土包子",明显含有轻蔑的含义。在公众场合,遇到农民工打扮的人,表现出极大的反感或厌恶;在公交车上,由于农民工不知道乘车规则经常受到司机和售票员的呵斥和辱骂。就连城市居民教育孩子，都经常以农民工为"反面教材"：不好好学习，就得像农民工那样（从事肮脏、不体面的工作，卑微的生活）。城市居民与农民心理意识上城乡隔绝关系的长期存在，逐渐地成为社会经济结构转型中难以克服和逾越的非正式约束。

用工单位也对农民工存在实际行动上的歧视，这种歧视表现在农民工在工资报酬、福利等方面都无法与当地户籍居民相比；还有的用人单位利用农民工求职心切的心理，巧立名目收取押金、风险金、保证金等；在单位内部，不与农民工签订合同，不给农民工购买保险等。甚至出现有的雇主打骂、体罚、羞辱以及对年轻女性"农民工"的性骚扰和性侵害事件。

此外，城市行政管理人员在执法过程中对农民工也存在严重的歧视行为。在访谈中，农民工遇到的困难之一就是摆摊经营的过程中经常遭到城管的追赶，有的还遭遇城市管理人员的辱骂和殴打。甚至有的城市管理部门以加强城市管理为由，对城市居民和外地农民工区别对待，对农民工大搞形形色色的乱收费，而2003年孙志刚事件更是暴露了城市社会管理政策的漏洞。

城市居民戴着有色眼镜去看农村人，认为农村就是贫穷、落后的代名词，而农村人则是愚昧、无知、肮脏、素质低的代表，天生就是二等公民，这种思想对农民工消极心理的形成起着推波助澜的作用。久而久之，农民工逐渐形成了"镜中边缘人"心理。① 农民工在城市居民的歧视中对自己的农民身份产生了一种心理暗示：因为自己是农民，所以就应该低人一等。而这种心理暗示往往产生极强的自卑感，使他们在面对城里人时往往显得非常敏感，甚至会自觉不自觉地回避与城里人交往，形成自我隔离的状况。更为严重的是，一些农民工在心理暗示的负面作用下，索性破罐子破摔，从事扰乱社会秩序的行为。

多数农民工表示，物质上的艰苦倒是其次的，"被人看不起""受歧视"是最难以忍受的。城市人的歧视有可能导致农民工群体对城市的反感和对城市的疏远，无形中降低了农民工对城市社会参与和融合的积极

---

① "镜中边缘人"概念来源于美国社会学家库利的"镜中人"理论，该理论认为个人的自我认知、自我评价、自我定位产生于他人与社会对自己的反应。

性与主动性。而农民工如果拥有城市户口,哪怕自己在城市中的经济生活很窘迫,但是他们依然会理直气壮地认定自己是城市中的一员,不会觉得自己与这个城市格格不入,也不会轻易受到来自城市其他强势和弱势阶层的歧视和排挤。

三 工业化水平和城市化发展水平相对滞后

(1) 西部地区工业化发展缓慢,压缩了农民工的就业空间

经过50多年的发展,西部地区已经建立了较为完整的工业体系,工业化进程得到了较快推进,但从人均GDP、三次产业GDP结构、三次产业就业结构、城市化率等指标综合分析,西部地区的工业化进程发展还不是十分成熟,总体上看,仍然处于工业化发展的初级阶段。

首先,从所有制结构上看,西部地区公有制经济比重过高,非公有制经济发展速度慢。仅以西北地区为例,2000年西北地区国有及国有控股企业所占比重较全国高出近20个百分点,集体企业所占比重较全国低10.78个百分点,而外商投资企业、港澳台商投资企业所占比重分别为3.90%、7.79%,远低于全国13.7%和11.72%的平均水平。① 而且西部地区非公有制经济规模小、水平低,无论从就业人数上、经营品种上、企业规模上、技术和产品层次上,都无法与东部地区相比。单从就业人数看,截止到2002年底,东部地区个体私营企业就业人数的总和约为1853万人,西部地区私营企业吸纳就业人数仅479万人。②

其次,从产业结构上看,西部地区产业结构不合理。西部地区主要以重工业为主,而可以有效拉动就业的轻纺、食品、电子及家用电器等劳动密集型工业发展滞后。第三产业内部结构层次低,主要以传统的流通、服务业和机关事业为主,各类国家机关部门比重较高。同时西部地区丰富的旅游资源并没有转换成经济优势,旅游拉动就业的能力没有得到有效开发。

(2) 西部地区城市化水平低,对劳动力的吸纳能力弱

2005年西部地区总体城镇化水平比全国低8.43个百分点,比东部地区低18.77个百分点。③ 到2007年城镇化率仅上升为36.8%,还不到

---

① 聂华林、李泉:《中国西部城乡关系概论》,中国社会科学出版社2006年版,第112页。
② 刘秀兰:《西部地区产业结构问题研究》,西南交通大学出版社2005年版,第160页。
③ 赵常兴:《西部地区城镇化研究》,《西北农林科技大学》2004年第1期。

2000年全国的平均水平。西部地区大城市数量少,中等城市质量不高,县城及其他中小城镇发展滞后。在发育不健全的城镇体系下,城市对农村的带动作用难以发挥,大批农民只能越过小城镇和县城,直接越进大中城市。在西部大城市公共服务供给不足的情况下,大量人口的涌入造成西部地区部分城市化发展的局部过度,城市人口急剧上升,超过了城市经济发展的需要和城市基础设施的能力,从而出现了脏乱差的"城中村"现象以及城市政府对农民工的限制性政策。

第二节 西部地区农民工贫困的内部原因

一 农民工城市生活的能力较差

首先,职业角色转变导致职业能力不强。多数农民工在农村时主要从事农业生产,到了城市以后从事的是与原来的农业生产不相关、自己又不熟悉的职业,所以由原来的职业岗位的较高层变成了现在职业岗位的最底层。在农村,大家都以农业为主,职业上不存在歧视,而到了城市以后,职业分层明显,农民工处于职业岗位的最底层,经常受到歧视和排挤。2002年,中国城市社会分层体系的100种职业排序中,进城经商的农民排在第92位,进城打工的农民排在第94位。①

其次,农民工的技术素质低。近年来西部地区一直将农民工输出作为发展农村经济的一个重要途径,因此各级政府加大了对农民工的技能培训,例如,云南省迪庆藏族自治州政府从2002年就开始致力于农民工的技能培训,开设了很多技能培训班,并进行了职业资格证书的认证工作,但是这种服务很难满足当地农民工的需求。②并且在调查中发现,有文化、懂技术的农民工一般都留在了东部沿海地区。留在西部地区的农民工文化水平低、靠体力吃饭,主要集中在对技术要求较低的建筑、家政、清洁、服务等行业。这是导致西部地区农民工收入低、就业不稳定的重要原因。

最后,农民工城市生活的知识与能力不足。主要体现为法律意识淡

---

① 周大鸣:《渴望生存:农民工流动的人类学考察》,中山大学出版社2005年版,第292页。
② 黄平、杜铭那克:《农民工反贫困——城市问题与政策导向》,社会科学文献出版社2006年版,第15页。

薄，不懂得城市生活的常识，缺乏求职技巧等。农村与城市在交往规则、卫生状况、日常生活等方面有很大的差异。农村本身就是一个熟人社会，人情关系是解决人际纠纷的潜规则。而城市是一个陌生人社会，人们的交往规则尤其是发生冲突的时候往往是以法律为依据，同时依赖警察、法院这些机制来维持。城市居民在潜移默化中已经具备了法律思维，能够知法、守法和用法。而农民工进城以后并没有意识到这方面的差异，他们往往把农村的那一套搬到城市里来，致使自己上当受骗的例子非常多，受骗以后也不知道用法律武器来保护自己。例如，很多农民工不与用工单位签订劳动合同。不签订劳动合同的原因是：要么工作是老乡介绍的，要么包工头就是同村的，乡里乡亲的签合同伤和气。还有的农民工在交往的时候，凭借着农村熟人社会的信任而借钱给别人，因对方借钱不还而导致自己经济上受损的例子也很多。农民工文化水平不高，对信息的辨别能力差，在求职中容易遭遇非正规的职业介绍机构，上当受骗，要么是白交了报名费或者押金，要么是找到"一份工作"被单位"试用"了几个月后被无条件解聘。

二　农民工社会支持网络弱化

社会支持分为两类，一类是正式的社会支持，主要是来自于政府、社会正式组织的各种制度性支持；另一类是非正式的社会支持，主要是指来自家庭、亲友、邻里、同事和非正式组织的非制度性支持。关于农民工的正式社会支持前面已经论及，证实农民工实际上已经游离于现行的行政体制之外。不仅如此，由于流动，农民工的非正式社会支持功能也发生了变化。且农民工流动的距离越远，在迁入地可以利用的社会资本也越少。

首先，农民工在农村的社会支持网不能发挥原有的功能。随着社会空间的变化，农民工在其原有的乡、村内构建的社会关系网络随之弱化，这体现在农民工的就业、生活等各个方面。许多农民工进城以后需要得到有关就业、食宿等方面的帮助，而原来的社会支持网络不能提供有效的支持。许多农民工都是背井离乡独自一人在外打工，来自家庭的支持与保护功能弱化，在生活上经常会感到孤立无援。离开农村社区，原有社会支持网为其赋予安全感、认同感的功能也降低。

其次，农民工在城市构建的社会支持网也难以提供有效的支持。农民工由于身份、职业、文化背景和社会地位,在城市很难迅速有效地构建起新的社会关系网。即使有些农民工在城市构建起新的社会关系网,这种关系网也仅限于跟自己具有同质特征的老乡、工友之间,彼此之间难以提供有效的帮助。而且,由于农民工具有很强的流动性,很难形成较稳定的社区,因而就决定了这种新的关系网的脆弱性和不稳定性。当然,农民工在城市里构建的新的社会关系网也确实有一些比较成功的典型,例如北京的"浙江村"、"新疆村"和"河南村"等。这种对地缘和血缘关系的依赖,可以降低农民工进城的交易费用,节约成本,相对于他们可以利用的社会资源来说,是一种非常理性的行为选择。但是这种基于血缘、地缘和业缘基础之上的社会关系网络也影响了农民工生活世界的构建。它阻碍了农民工与社区外人员特别是与城市居民的交流与融合,限制了他们的社会互动与参与,导致了农民工与城市居民距离的逐渐增大,在城市中的边缘化特征更加明显。

三 农民工家庭负担系数高

农民工流入城市以后,虽然完成了社会角色和空间位置的改变,但多数人未实现生活方式和价值观念的改变,"不孝有三,无后为大"、"传宗接代"的思想依然左右着人们的生育观念。加之农民工群体特有的流动性、分散性和不确定性,现有的计划生育服务和管理体系难以发挥有效的监管作用。多数农民工又处于生育旺盛期,因此,农民工违法生育现象较为严重。重庆市计生委曾做过抽样调查,结果显示全市的政策外生育现象70%发生在流动人口中,某区2002年至2003年政策外生育343人,其中流入人口就占235人,约69%。[1] 有的农民工聚集的"城中村"常常成为"超生游击队"的藏身之处。在某省的一个小矿区,外来农民工的超生行为令人瞠目结舌。这些外来夫妇生育四五胎不足为奇,生育最多的竟然有8个孩子。[2]

实践证明,生育水平差异与贫困有着直接的联系。生育水平高的农村、边远地区,可能因人口过多、受教育程度低、资源和就业机会有限而增加遭受贫困的风险。"中德合作——云南城市贫困研究"项目组通过

---

[1] 李力等:《重庆市流动人口计划生育管理与服务的现状与思考》,《西北人口》2008年第1期。

[2] 王洪春等:《中国民工潮的经济学分析》,中国商务出版社2004年版,第130页。

对云南省保山市、个旧市和昆明市三地农民工的调查显示，农民工家庭人口普遍多于城市的三口之家，近四成（36.6%）的农民工家庭有4口人。近年来随着教育收费、医疗保健收费等不断提高，育儿成本迅速攀升。农民工家庭中未成年人越多，家庭的负担系数就越大，因而很容易陷入"人口多—人均收入水平低—无力或不愿接受教育—知识技能低—收入水平低……"的贫困恶性循环。以保山市为例，被调查农民工家庭平均有人口4.0人，农民工每月人均收入仅为89.35元，离当地165元的城市低保线还有75.65元的差距。[①] 由此可见，要想降低农民工贫困的发生率，必须加强对农民工的计划生育监管力度，以降低农民工的家庭负担系数。

当然，任何情况下贫困都不是由单一因素导致的，而是多重因素共同作用的结果，而且多重因素之间互相影响。农民工贫困也是内外部因素共同作用的结果，但是在农民工贫困的致贫因素中，劳动力市场的二元性以及农民工自身因素对农民工物质贫困的作用更大，而以户籍制度为核心的二元经济体制则是造成农民工人文贫困的根源。同时，物质贫困和人文贫困之间也是相互制约、相互影响的。农民工的物质贫困限制了农民工通过个人努力尤其是通过教育培训投资来改变个人生存状况的机会，从而限制了农民工的发展权，强化了农民工的人文贫困。农民工人文贫困的实质是权利贫困，因为不具有城镇户口，农民工的政治权利和社会经济权利相对不足，从而导致经济利益的受损，加深了农民工的物质贫困。

---

① 中德合作项目办公室：《流动的贫困——中德合作——云南城市贫困研究报告》，中国社会科学出版社2006年版，第55页。

第七章　西部地区农民工减贫的思路

西部地区农民工贫困问题是影响西部经济社会发展的重大问题，能否解决这一问题既关系到西部地区"三农"问题的解决，也关系到西部地区的城市化进程和社会稳定，对构建西部和谐社会具有重要意义。鉴于西部地区农民工贫困的现状和原因，我们提出一系列缓解西部地区农民工贫困问题的对策建议。

第一节　以市场为导向，全面实施农村劳动力资源提升战略

随着市场经济的发展，在劳动力供给过剩尤其是低素质劳动力供大于求的状态下，市场机制对劳动力资源的配置作用将会越来越大。在前面的文章中已经分析了劳动力市场对农民工就业以及工资待遇的影响。如果排除政府的政策歧视，城乡劳动力价格的差距主要是由劳动者的人力资本决定的，为此必须全面实施面向市场的农民工人力资源提升战略，提高农民工的人力资本，而教育和培训则是提升农民工人力资本的主要途径。

一　加大农村教育投入，不断提高农村劳动力素质

城市农民工素质不高源于农村劳动力素质不高。总体上看，西部地区教育水平低，地区内人均受教育年限低于全国水平部分省区，15岁以上的人口中，文盲、半文盲比例高达15％。西部地区每年约有81万小学生未毕业就流入社会，78万初中生未毕业就进入劳动力市场。这些人员进入城镇就业，很难在就业中得到再教育，非常容易被就业准入制度、

就业资格制度淘汰。① 西部地区农村劳动力文化程度低，制约了农村劳动力转移的流向和层次。因此，增加农民工人力资本含量，缓解农民工贫困，首先要从农村教育抓起。

(1) 坚定不移地推进农村基础教育

基础教育对提高农民工的技能水平没有直接的作用，但是基础教育可以通过提高人的认知能力，赋予人们更加平等的发展机会。例如，受过教育的人可以更容易捕捉到非农就业的机会，对劳动力市场的信息收集、加工、分析也能做出有效的判断，形成正确的劳动力供给决策。同时，基础教育可以提高人的社会适应能力，促进人文发展。

中央政府近年来加大了对西部地区的教育投入，但是教育经费总体投入严重失衡。中央的财政拨款更倾向于城镇学校，农村教育经费严重不足。目前，西部农村地区办学条件恶劣，师资力量短缺，义务教育的完成率远远低于城市地区。截止到 2006 年底，九年义务教育的完成率仅为 84.4%，未完成的 86% 主要集中在西部农村地区。西部地区 410 个"两基"（基本普及九年义务教育、基本扫除青壮年文盲）中仍有 173 个未实现"两基"，在城市基本达标的情况下，西部农村青壮年文盲率接近 4%。② 所以，西部地区政府必须高度重视农村基础教育的重要性，平衡教育经费的使用，加大对农村义务教育经费的支出。同时国家也要加快西部地区农村教师队伍建设，提高西部地区农村教师的教育环境和工资待遇，通过"支教"等形式向农村补充一批高素质的教师，确保农村义务教育的师资需求，提高西部地区农村基础教育的水平。

(2) 积极发展农村职业教育和成人教育

相关调查显示，随着劳动力市场导向不断增强，劳动者的生产率（例如教育、经验）对工资的决定作用越来越大。教育年限每多一年，估计工资能上升 5%；如果接受了培训，则可能比未受到培训的多达 24%。③ 与基础教育相比，职业教育和培训是解决农民工受教育问题的重要手段，也是解决农民工能力贫困的直接途径。因此，西部地区政府要高度重视并大力扶持、推动农村职业教育和成人教育的发展。

---

① 韦苇：《中国西部经济发展报告 (2006)》，社会科学文献出版社 2006 年版，第 446 页。
② 姚慧琴、任宗哲：《中国西部经济发展报告 (2008)》，社会科学文献出版社 2008 年版，第 276 页。
③ 蔡昉、白南生：《中国转轨时期劳动力流动》，社会科学文献出版社 2006 年版，第 178 页。

首先，整合有限的教育资源，因地制宜地对农民工进行技能培训。从长远的发展趋势和发展需求来看，对农民工的培训，在乡一级的中学应该开设职业教育课程。同时对农民工的技能培训，一方面要与市场需求相结合，另一方面要与农民工的自身需求相一致。例如，云南省个旧市通过在乡级中学初中部开设有地方特点的、有地方市场的、能够满足就业的职业培训，如家政、月嫂等，提高了农民工的劳动技能，增加了农民工获得工作的机会。

其次，在培训内容上，除了相关的技能培训，还要加强农民工城市生活知识的培训。例如要把相关的劳动就业的法律知识、公民的基本道德规范、城市生活的基本常识（如交通、卫生习惯、社会救助等）引入教学。

二 多渠道筹集农民工培训资金，落实农民工培训责任

调查结果显示，农民工收入低是导致农民工难以有效接受技能培训的主要原因。为了解决这一难题，《国务院关于解决农民工问题的若干意见》（国发〔2006〕5号）中指出，农民工培训实行政府、用人单位和个人共同负担的培训投入机制。据统计，2006—2008年期间，各级财政安排的用于农村劳动力转移就业培训的资金支出累计达到80亿元。① 但是在实际执行过程中，农民工专项资金落实不到位的现象时有发生，用人单位出于自身利益考虑也不愿意支付农民工的培训费用。因此，政府必须落实农民工培训职责，为农民工技能培训提供制度保障。要将农民工培训工作列入各级政府绩效考核的范围，实行目标管理。明确各有关部门的工作职责，细化政策措施。要建立统筹协调的领导体制和分工负责、相互协作的工作推进机制，通过制定政策和制度创新，充分调动一切可以利用的资源，广泛开展农民工培训工作。同时对各类教育培训机构和用工单位要加强监督和规范，保证专项资金的使用效果和职业技能培训的质量。鼓励用人单位主动组织农民工参加培训，防止用工单位借培训之名，对农民工乱收费，损害农民工的合法权益。

农民工的培训是一项系统工程，也是一项严肃的政治任务。通过技能培训，一方面提高了农民工的劳动生产率，另一方面增强了农民工的

---

① 《关于加强对农民工进行职业技能培训的提案》，www.people.com.con，2010-02-10。

自信、自强意识，加大了农民工的城市归属感。对提升农民工的人力资本，缓解就业贫困起到关键的作用。因此，必须站在战略的高度，把提高农村基础教育水平、建立完善的农村劳动力就业培训体系作为经济社会发展和国民教育体系中一项最基础、最根本的工作来抓。

第二节 积极调整和完善社会政策，切实消除人文贫困

以户籍制度为核心的城乡差别的社会政策是造成农民工人文贫困的根源，只有不断改革现存的不合理的社会政策，才能从根本上缓解农民工的贫困。

一 进一步推进户籍制度改革

从进入20世纪90年代起，国家开始对户籍制度进行改革，特别是从2000年下半年开始，国家取消了对农民进城就业的诸多不合理限制，鼓励有固定居所、稳定职业和收入的农村人口进入中小城市，同时取消城市暂住费、计划生育管理费、人口管理费、外地务工经商人员管理服务费等针对农民工的收费。2007年广西率先在西部地区取消农业户口与非农业户口的划分，随后重庆、四川、陕西等省市也相继推行。截止到2007年3月底，全国已有12个省、自治区、直辖市相继取消了农业户口和非农业户口的二元户口性质划分，统一了城乡户口登记制度。表面上看，户籍改革的力度很大，但是改革仅仅是户口名称的改变，相关的医疗、教育、社会福利等方面的配套政策改革并没有跟进。所以从根本上看，户籍改革并没有取得实质性的进展。如果与户籍制度相联系的就业、教育、医疗、养老等一系列城市居民导向的保护政策和体制不消除，那么农民工就会永久地被排斥在城市体制之外，农民工的人文贫困就难以解决。但是西部地区农村经济落后，农村社会保障体系进展缓慢，土地作为农民社会保障的功能依然强烈。所以，户籍制度也不可能短期之内一下子消除。因此，西部地区的户籍制度改革应该遵循以下思路：

首先，要把户籍制度改革由小城镇向大城市推进，逐渐放松大城市对人口流动的限制。西部地区总体的城市化水平较低，省会城市较为发达，就业机会较多，流入的农民工也多。而中小城镇发展滞后，吸纳农

村劳动力的能力非常有限，所以把户籍制度的改革放在中小城镇对西部地区来讲无疑是"避重就轻"，没有多大的"含金量"。因此，西部地区户籍改革的方向应该是完全放开小城镇户口的限制，在此基础之上逐渐放开大中城市的户口限制。

其次，剥离户籍之上的一切附加功能，取消户口的身份限制，从身份上彻底消除城乡差别。允许在大城市有固定工作、住所的农民工落户，并享有城市居民平等的权利，循序渐进地剥离附加在户籍制度上的各种福利政策。为此，必须建立公平竞争、城乡一体的就业政策，清除对农民工进城打工的不合理限制和乱收费现象。在教育政策上必须保障农民工子女享受义务教育的权利。同时，尽快将农民工纳入到城市经济适用房和廉租房的制度框架内。

二 健全维护农民工权益的保障机制

首先，完善农民工社会保障监督机制。建议政府部门设立专门的行政管理部门，针对农民工社会保障的落实情况进行监督和管理。一是监督企业劳动合同的签订及工资支付情况，对"有令不施"的企业进行严厉的惩罚。西安市从2004年起，由劳动、建设、公安、司法等部门共同组成了"一厅式"举报投诉受理中心，主要监督企业对农民工的工资支付，5年来累计清欠农民工工资2.56亿元。2009年又下发通知：企业恶意拖欠农民工工资，情节严重的，将被吊销营业执照。[①] 这些措施不仅保障了农民工的权益，而且对劳动用工市场起到了规范作用。二是落实各级政府的职责，加大监督执法的力度。启动引咎辞职程序，对重大的卫生安全危害事件除严厉惩处肇事者外，还要严肃追究领导责任。同时还要强化相关部门的职责，对相关部门的执法监督人员要明确责任，并建立责任追究制度，杜绝推诿扯皮现象。

其次，积极探索符合农民工特点的社会保险方式。目前，在地方政府财政能力有限的情况下，农民工的社会保险重点要做好以下两点：首先，重点解决农民工最急需的工伤、医疗保险。要推动《工伤保险条例》的落实，使农民工依法享有工伤保险待遇。其次，尽快实现全国统一的社会保险转移。我国社会保险的现行政策体制是实行省级或者是市级统

---

① 张维：《拖欠农民工工资 吊销营业执照》，www.sina.com.cn，2009-12-04。

筹，农民工的社会保险关系在跨省转移、持续性政策方面存在着政策性障碍。农民工在跨省市转移就业时，社保关系难以有效转移衔接。并且现行养老保险制度规定按月享受基本养老金的最低缴费年限为15年，而农民工流动频繁，如果不能实现转移接续，多数很难达到该年限标准，这严重影响了农民工参加社保的积极性。

第三节 努力缩小城乡差异，推动城乡一体化

巨大的城乡差异是导致农民工流向城市的根本原因，农民工流动的目的并不一定在于想成为城市居民，核心动力在于寻求更高的经济利益，以改善在农村的生活。但是目前农民工的低收入、低保障是以市场为主导的分配体系的现实，短期之内政府的政策也只能是有限补偿而无法改变。所以，农民工问题的解决并不仅仅在于户籍制度的改革，更重要的是要努力打破城乡之间的二元结构，实现城乡之间的协调发展。如果能够加快农村经济的发展，提高农民的收入，为农民提供与城市相匹配的社会公共服务，减轻农民的负担，改善农民的物质和文化生活，缩小城乡之间的差距，同样可以减少人口的流动，起到降低城市户口"含金量"的效果，所以必须按照城乡统筹、城乡一体化的思路来解决农民工贫困问题。

一 增加农村公共投资，减轻农民工负担

西部地区农村居民生产、生活水平低于全国水平，主要原因是公共产品的投资不足。目前的财政分权体制下，西部贫困地方政府因缺乏财力而无法保证农村最基本的基础教育、健康等公共服务，只能将财政负担转嫁到农民身上，使贫困农民享受公共服务的成本增加，限制了农民的发展机会。随着教育、医疗等公共服务供给的市场化，农村家庭的教育和健康支出负担越来越大。很多农民工在城市省吃俭用，极力压低生活费用，也是基于对子女教育、家庭医疗、养老问题的长远考虑。2005年国家首先在西部地区推行免费义务教育，免除所有的农村义务教育阶段中小学生的学杂费，基本解决了西部地区农村义务教育阶段上学难、上学贵的问题。但是目前农村免费义务教育仍然存在很多问题：如巧立名目乱收费，义务教育补助金被挪用、截留等。农村孩子接受非义务教

育特别是接受高等教育的负担系数也越来越大。据推算 1995 年全国普通高校年平均学费为 2769 元，到了 2002 年平均学费为 5000 元左右。西部地区一个大学生年均支出为 7000 元左右，相当于贫困地区 9 个农民一年的纯收入，一个本科生四年的学费至少 2.8 万元，相当于贫困农村一个农民 35 年的纯收入。① 农村家庭的医疗支出也日益增长，世界银行在 2009 年 3 月的报告中指出，2004 年之前的 10 年内，家庭的现金医疗支出总额增长了 6 倍；如果从 1980 年算起，则增长了 40 倍②。

增加公共投资及基础设施、教育、技术、健康和其他社会服务方面的体制和政策是消除贫困必不可少的。③ 因此，国家应当加大对西部农村的公共投资，尽量缩小城乡公共产品与服务提供的差距，尤其是在教育、医疗、社会救助等方面要显著提升对农村的转移支付水平。具体来说，国家在义务教育阶段一定要严格控制不合理的教育收费，禁止地方政府挪用教育资金；加大农村地区非义务教育阶段的投资，建立有效的勤工俭学制度，增加奖助学金的额度和比例；提倡社会助学，对口帮扶等。继续加大农村公共卫生设施投入，健全和完善农村医疗合作，简化医疗报销的程序，建立专门针对贫困人口的医疗救助制度，对特别困难的农户提供特殊的教育和医疗服务。同时还要加强医疗卫生服务人员队伍素质建设。以此减轻农民负担，赋予农民更多的发展机会，从源头上缓解农民工贫困。

同时，鉴于西部地区农村养老保障制度短期之内无法建立的现实，政府要确保土地对农民工的社会保障功能，保障外出农民工的土地使用权。土地的流转必须遵循"平等、自愿"的原则，土地是否流转，采取何种形式流转，必须由农民自主决定，任何组织和个人都不能强制干预。

二 统筹城乡就业，多渠道解决农民工就业问题

西部地区农村富余劳动力多，农民就业不充分是农民外出打工的原

---

① 陆士桢：《中国城市青少年弱势群体现状与社会保障政策》，社会科学文献出版社 2004 年版，第 265 页。

② 世界银行：《从贫困地区到贫困人群：中国扶贫议程的演进 中国贫困和不平等问题评估》，www.worldbank.org.cn，2009 - 3：156。

③ 樊胜根等：《经济增长、地区差距与贫困》，中国农业出版社 2004 年版，第 45 页。

因之一,而对于流入城市的农村劳动力来讲,能否在城市就业也是他们在城市生存的重要保障。因此,保障农民工的充分就业就成为解决贫困的重要途径。目前,中国经济发展正处在就业矛盾凸显时期,城乡都将面临沉重的就业压力,所以解决农民工就业必须多管齐下,城乡共抓。

(1) 大力推进工业化和城市化进程,扩大就业空间

据推算,西部地区的城镇化水平每提高1个百分点,大约可吸收360多万农村人口,可安置180多万人口就业。[①] 西部地区推进城市化进程,需要做到以下几点:

首先,西部地区要继续强化区域中心城市,充分发挥大城市的辐射带动作用。提高中等城市的规模和质量,在此基础之上有重点地发展小城镇。

其次,调整所有制结构,推动和鼓励非公有制经济的发展,大力发展第三产业。西部地区要借助东部地区产业结构调整的契机,鼓励中、东部的企业到西部地区投资。各地方政府要把个体经济和私营经济纳入本地区社会经济发展规划,并在政策和金融信贷上给予相应的优惠,为非公有制经济的发展创造条件。结合本地的区位特点,大力发展服务业、商业、旅游业等第三产业,尤其是要大力发展西部地区的旅游业,将景观旅游和旅游产品开发相结合,使旅游业成为拉动西部就业的新的增长点。

最后,政府要在推进城市化发展的过程中合理定位。要认识到农村劳动力流入城市是社会经济发展的必然,在战略化选择上要从长计议,面对城市化压力不应该寄托于通过推行一些外在的、限制人口流动的政策,而应对城市化过程中的市场失灵和城市发展最薄弱的环节采取一些有效的措施来促进城市的发展。为此,政府应对城市发展制定合理的投资政策,改善西部地区大中城市的基础设施建设,特别是改革公共教育、医疗、住房,加大对公共交通的投资建设。

(2) 大力发展县域经济,促进农民工就地转移

农民工一方面在大城市不具备参与市场竞争的优势,另一方面在远离家乡的外地没有良好的社会支持网络,因此农民工在大城市更容易陷入物质和人文贫困。相比之下,农民工向县城和镇转移的边际成本低,地域和空间流动造成的人文贫困程度低。因此,鼓励农民工就地转移不

---

① 樊宝平:《西部地区产业结构与就业结构的协调性及其对策》,《甘肃省经济管理干部学院学报》2004年第1期。

仅可以缓解大城市就业压力,同时也可以减轻农民工因大幅度跨区流动带来的流动性贫困。

第四节 充分发挥城市社区的作用,促进农民工与城市社会的融合

农民工离开农村,原有的农村社区对农民工的组织管理作用失效,为其赋予安全感、认同感的功能也降低。农民工进入城市之后,多集中在低端就业市场,最终都落脚于城市社区。城市社区是城市管理的基础单元,也是农民工家庭与城市居民进行融合的关键环节。因此,要充分利用城市社区加强农民工与市民之间的融合,推动农民工社会网路的再构建。

一 以城市社区为载体,加强对农民工的组织管理

充分发挥社区对农民工的组织管理功能,维护农民工的合法权益,帮助农民工在城市构建新的社会网络,加强农民工对城市的归属感。

首先,鼓励农民工加入社区工会组织。长期以来,农民工在城市获取政治资源的能力过低,缺乏利益表达的途径和维护利益的正规组织,在同其他市场主体或利益集团的博弈中处于劣势。因此,鼓励农民工加入城市社区工会组织。一方面可以提高农民工的组织化程度,保障农民工政治参与的制度化;另一方面对重建农民工的社会网络,加强农民工的城市归属感和认同感有着重大的作用。

其次,要将农民工群体纳入社区民主管理的轨道。在社区建设中让外来农民工参与社区的自治和管理,加快他们与当地社会的融合速度。同时,社区工会可以利用社区资源,创造条件,组织健康丰富的文体活动,倡导文明的生活方式,缓解农民工的精神贫困。与此同时,工会还可以组织包括文化知识、劳动保护、法律常识、时事政策等内容的培训,提高农民工的思想素质、文化知识和劳动技能。同时,城市社区也应该对本社区的农民工家庭宣传科学的生育观,监督计划生育政策的执行,从根本上减少农民工的家庭负担。

二 发挥城市社区在农民工贫困监测中的作用

目前,农民工被排除在城市贫困的统计之外,一方面与城市的财政

体制和管理体制有关,另一方面也与农民工贫困的监测体系有关。农民工未流入城市之前,主要是由其原来户籍所在地的村委会对其贫困状况做出监测。农民工流入城市之后,原来的贫困监测体系功能失效。而城市社区的居民委员会对贫困农民工家庭的数量、贫困的程度、状况等容易把握,而且直接有效,信息可靠。所以,城市社区的居民委员会是监测农民工贫困状况的最理想部门。对此,西安市雁塔区已经依托居委会对解决城市农民工问题做出了尝试。西安市雁塔区区委区政府办公室2006年联合下发了《关于规范"新市民"称谓的通知》,在文件中将"外来人口"、"外来务工人员"、"打工者"、"农民工"等统一称谓为"新市民",以消除对农民工称谓上的歧视。除此之外,雁塔区还组建了"新市民服务援助中心",服务对象为户籍不在雁塔,但在雁塔学习、工作、生活并遇到困难的外来务工人员。并将以下三类人员列为保障对象:失业、无生活来源、无抚养人的新市民;有劳动能力但家庭人均收入低于雁塔区居民最低生活保障标准的新市民;因病或者天灾等原因造成家庭基本生活困难的新市民。新市民的最低生活保障标准为每月200元,按家庭收入人均计算。符合上述条件的新市民只要到所在居住地的社区委员会提出申请,街道办事处审核,再报民政局审批后,按月持身份证到所辖街道办事处领取即可。同时文件还规定:新市民子女在暂住地公办学校就读,收费标准与本地区学生相同;并设12所定点服务医院帮助解决新市民看病就医问题;聘请法律顾问为新市民提供法律援助;成立了职业技能培训中心,免费为新市民提供职业指导等。① 西安市雁塔区的做法,体现了"以人为本"的精神,解决了新市民生活、工作上的困难,让新市民共享城市经济发展的成果,对新市民起到了激励作用,同时也加强了新市民的城市归属感,这种做法对其他城市解决农民工问题起到了很好的示范作用。

第五节 营造和谐的人文环境,根除对农民工的观念歧视

城市政府要改变"经济接纳,社会排斥"的管理态度,借助新闻媒

---

① 胥建礼:《40万农民工成了"新市民"》,《华商报》2006年第4期。

体曝光歧视,宣传平等,大力宣传农民工在城市建设中的地位和作用,在全社会营造尊重农民工、理解农民工的良好氛围。新闻媒体要发挥正确的舆论导向,特别是要引导城市市民改变"一等公民"的身份优势意识,克服"唯我独尊"、"瞧不起农民"的偏执心理,让城市市民认识到自己方便美好的城市生活离不开农民工的建设和贡献。号召城市市民尊重农民工的人格和劳动,树立"社会团结、社会包容"的社会风尚。为此,政府相关管理部门及其工作人员应该以身作则,执法过程中做到对农民工一视同仁,杜绝歧视。通过加强沟通与管理,促进农民工与市民的相互理解和融洽,解除农民工与市民之间的意识对立和心理冲突。

最后,农民工要树立积极提高自身素质的意识,放弃在原来的生活环境中形成的狭隘的小农意识和落后的小生产者的观念,加强学习,主动接受技能培训。遵纪守法,维护城市秩序和环境卫生。主动扩大社会交往,克服自我封闭的城市疏离感,从内心深处改变心理上抵御城市社会化、现代化的亚文化观念,克服自卑心理,以积极主动的姿态融入城市社会。

第六节 合理确定农民工贫困线,为农民工减贫提供理论依据

一 借鉴国际经验,加大对农民工贫困线问题的研究力度

目前有许多国家都根据国情,增加对贫困群体的关注力度,并制定了一系列相关减贫措施,用于缓解贫困问题。印度是世界上人口较多的国家之一,长期以来,印度根据制定的贫困线标准界定贫困人口数量,开展扶贫开发工作,取得了较大成功。[①] 和印度一样,其他发展中国家像印度尼西亚、越南、南非、巴基斯坦、巴西、泰国等都根据自己的实际情况,在减贫工作方面取得了一定的成绩。由于我国对农民工贫困问题的研究处于起始阶段,因此在以后的研究中,必须进一步加大对农民工贫困问题的研究,重视农民工贫困问题。

以陕西为例,如果对照陕西省现行的城镇居民每人每月390元的最

[①] 印度使用"平均每人每月支出"的方法划定贫困线,2008年印度中央政府的乡村发展部成立一个委员会寻求制定贫困标准的替代方法。

低生活保障标准和 2300 元的农村贫困线标准,大部分农民工家庭的平均收入已经超过了工作地城镇居民的贫困线和农村居民的贫困线,但问卷调查显示,西部地区 80% 以上农民工群体的食品消费支出超过其总消费支出的一半以上。也就是说,80% 以上农民工的恩格尔系数超过 50%,即 80% 以上的农民工处于温饱和贫困之间。由此可见,我国农民工现在处于一个比较尴尬的位置,他们的收入高于国家制定的扶贫标准,但实际生活处境还在温饱与贫困之间挣扎。因此,加快建立健全的农民工贫困线资金筹措机制,合理确定不同地区农民工贫困线和最低生活保障对象,有利于加快建立农民工最低生活保障制度的步伐,缓解和解决农民工贫困问题。

二 遵循"因地因时"的原则确定农民工贫困标准

从总体上说,"国家可以根据农村和城市的差异分别制定城市和农村的贫困线标准,还可以根据国内的地域差异、行政区划和地理差异等分别制定贫困线标准"[①]。由于农民工的分布也具有地域差异性,因此制定农民工贫困线的首要原则是"因地"原则。从经济的角度出发,我国地区差异显著,经济发展不平衡,导致不同地区居民的收入水平、居民消费结构、物价指数、政府财政承受能力各不相同。因此,制定农民工贫困线必须以当地的实际情况为依据。从社会生活方面来讲,自古以来,我国就是一个多民族的国家,不同地区的不同民族之间有不同的文化差异,他们在生活习惯上有较大差别,消费习惯和消费水平也不同,对"最低生活需求"理解定位不同,从而对农民工贫困标准的制定也应有所差异。由于不同地区的消费习惯和物价指数不同,即使采用同样的贫困线测量标准,测算出的农民工最低生活保障标准也会有很大的差异。

其次,要遵循"因时"的原则。从经济的角度,贫困线在本质上是用价值量来表示的维持人们基本生活需求所需的费用,根据经济发展的客观规律,贫困线会受到人们的消费结构、生活必需品的价格水平等综合因素的影响,但这些综合因素又会随着时间的推移和社会的进步而不断变化和发展,也就是说,制定的农民工贫困线是有时间限制的,每一种贫困线标准只能在一定的时间范围内使用,超过一定的时间段,则须

---

① 周益平:《部分国家的贫困线标准确定及对中国的几点启示》,《世界农业》2010 年第 11 期。

根据经济发展的实际情况，重新制定新的贫困线标准。针对上述情况，可以从两个角度进行调整：一是短期（一般是一年）调整，这种调整方法主要是考虑人们的消费结构和生活必需品在短期内变化不大，而变化的只是生活必需品的价格。因此，贫困线主要根据当地生活必需品的价格指数进行适当调整。二是长期调整。这种方法是根据经济发展水平的变化，长期内人们生活必需品的价格和消费结构的变化，以及农民工身体状况、就业状况和家庭组成的变化进行的调整。因此，在测算农民工贫困线时应该充分考虑这些因素，并根据国际惯例进行动态调整（至少每5年重新测算或度量）。

三 动态调整减贫标准，与国际减贫标准接轨

应该说，目前2300元的国家新的扶贫标准与世界银行的名义国际贫困标准线的距离最为接近，即年收入2300元人民币的中国扶贫标准换算后约等于每天1美元，但还是低于世界银行的日收入1.25美元的国际减贫新标准。2300元是2010年全国农民人均纯收入，这种新的贫困线标准是在参照国际贫困标准，综合考虑农村的物价指数和农民购买力的基础上制定的，同时也把教育、医疗、住房、社会活动等方面的需求纳入考虑范围之内。从长远来看，国家的贫困线或减贫标准还应进行动态调整，与国际减贫标准接轨。

在测定农民工贫困的指标选择上，首先需要考虑的是使用什么指标作为贫困测量的基础。在划分农民工贫困标准时，一般考虑到的指标有人均纯收入、消费支出、热量、价格指数等。但是，在实际操作中，更应该考虑的指标是农民工的家庭规模和结构。在计算农民工家庭收入贫困线（相对贫困）时，应当综合考虑农民工输入地及其家庭成员生活所在地的人均收入和消费水平。其基本假设是，农民工是生活在城市，农民工两夫妻或者至少有一人在城市打工，外出就业是家庭收入的主要来源，而其他家庭成员则在户籍所在地生活（如老人和孩子），由此产生的生活成本、人际交往成本等受农民工输入地和户口所在地两地的生活水平影响，他们的最低生活成本则由两地的物价水平和消费习惯确定。因此，农民工家庭的生活消费支出应该分为家庭成员在户籍所在地的消费支出和农民工在就业所在地的消费支出两个部分。从这个意义上来说，农民工贫困线的制定具有双重标准，即既不能低于就业所在地城镇居民

的贫困线,又不能低于其他家庭成员在户籍所在地的贫困线,而是将农村居民与城市居民的生活水平结合起来,制定科学合理的农民工贫困线标准。另外,生活成本也受家庭规模和家庭结构的影响。家庭规模即家庭的人口数量,家庭结构指的是家庭人口的年龄结构,如果一个家庭的老人、孩子或者病人的数量较多,那么,这种家庭的生活需求支出一般高于其他家庭。西方国家在制定贫困线时,也考虑到了家庭规模和家庭结构的影响,不仅界定单个贫困者的贫困线,而且对不同家庭人口、不同家庭结构的贫困线也作了深入研究。"在计算不同规模家庭满足其最低需要所必需的收入时,他们通常是通过一些简单的方法,把家庭收入转换成个人收入,最简单的方法是用家庭收入除以家庭成员人数。但是后来一些学者经过研究发现,这样做的结果是忽视了许多消费项目使用中的规模经济,也忽视了儿童与成人的不同需要。因此,在其后的贫困度量以及社会保障系统的运作中,通常是用某种'等价尺度'(Equivalence Scale)把每一个家庭转换成一定数量的'等价成人'(Equivalence Adult),或者说,把家庭转换成'等价家庭'(Equivalence Household),由此确定贫困家庭的贫困线。"[①]

一般来说,一个家庭在外打工的人数越多,家庭总体收入越高;需要供养的人数越多,家庭生活消费总成本越高;即使在同样的收入水平下,不同人口规模和人口结构的农民工家庭,其消费水平有可能是不同的。外出就业的农民工一般是家庭经济收入的主要来源,如果这一经济来源因某种因素而被切断,则会给家庭的正常生活带来一定风险。因此,外出就业的农民工一般无法承受失业的风险,当某一种工作相对稳定,即使收入相对较低,他们也会选择继续在这种低收入的地方工作而放弃收入较高但有风险的创业和培训的机会。相关研究表明,培训和受教育水平对农民工的就业有重要影响,培训和受教育水平越高,其就业的机会越大,获得的收入也较高。因此,贫困线的确定也应考虑农民工受教育程度的影响,只有这样,才能科学地制定最低生活保障标准。[②]

此外,在确定农民工贫困线时还应充分考虑中国国情和农民工的特殊性。首先,能够保证农民工贫困家庭的最低生活,为大多数农民工认

---

① 叶普万:《贫困经济学研究》,中国社会科学出版社 2004 年版,第 95—96 页。
② 农民工最低生活保障支出除包括基本的生活必需品支出、医疗与教育支出以外,还包括就业培训支出、住房支出、社会交往支出等。

可。制定农民工贫困标准是为了满足农民工家庭在生活上和心理上的基本需求，解决农民工家庭贫困问题，缩小城乡差距，实现全面小康的现实目标。其次，要将绝对贫困和相对贫困统一起来。现阶段，我国的贫困形势发生了巨大变化，随着我国经济发展水平的提高和人们收入的增加，绝对贫困人口的数量已经大幅减少，但是，相对贫困人口数量逐渐增加，相对贫困问题越发严重，同时，由于疾病、失业等因素的影响，刚进入相对贫困的农民工也容易重新走上绝对贫困的道路。基于以上原因，在以后的农民工贫困线制定过程中，必须将绝对贫困与相对贫困结合起来，既能反映农民工的结果贫困，又能反映农民工的过程贫困。最后，地方政府的财政承载能力。这一方面是社会保障制度作为再分配的一种重要手段，但在另一方面保障标准的高低受政府财政收入的影响。因此，农民工最低生活保障标准应该根据当地实际情况，随着财政收入状况的变化而变化。

当然，确定合理的农民工标准，必须坚持客观的调查研究和科学的分析。通过探讨不同测定方法的优缺点，尤其在比较分析现有的贫困线制定方法的基础上，将五种测定贫困线的方法结合起来，通过取长补短的形式，形成了一种新的更加合理的贫困线制定方案，即"综合法"。主要分四个步骤实施：其一，国家可以委托专业权威机构开展规范的调查，对农民工家庭的收入及其生活各方面的支出进行全方位调查。调查结果显示，陕西省农民工外出就业的首选地就在陕西省境内，这样做的目的是既方便照顾父母及孩子，又可以在农忙时兼顾农业生产。因此，在收集数据时，应该同时搜集陕西省农民工生活所在地（城市）和其家庭成员共同生活所在地（农村）收入与支出情况。其二，科学地分析农民工家庭在生活中的实际收入与消费水平，确定农民工生活必需品的需求状况，再根据市场价格客观地求出农民工最低生活保障线。农民工家庭的生活必需品的清单是农民工所在城市的城镇居民生活必需品的清单与户口所在地农村居民生活必需品的清单的平均数。调查求出陕西省农民工与其他家庭成员人数的抚养比例，以其为权重，计算陕西省城镇居民最低生活保障线与农村居民最低生活保障线的加权平均数，则得到农民工家庭最低生活保障线。其三，利用农民工家庭收入与各类消费品支出的函数关系建立一个简单的扩展线性支出系数模型，然后用现有的统计数据估计模型，从而导出模型中设定的各类消费品的基本需求支出以及总的基本需求支出，再利用马丁法确定农民工家庭的非食物贫困线，最后把消费品总的基本需求支出加上非食物贫困线即为贫困线。其四，将社会的平均收入与贫困线结合起来，求出农民工就业所在地的恩格尔系数，以方便以后能够根据实际情况进行最低生活保障线的调整。

第八章 结语

第一节 结论

随着城市化的发展,越来越多的农村人口进入城市就业,城市农民工贫困问题必将成为公众关注的焦点。本书以西部地区为着眼点,通过对西安市农民工状况的调查和研究,分析了现阶段西部地区农民工贫困的现状与特征,阐述了贫困形成的原因,提出了一系列缓解农民工贫困的对策建议。通过研究,本书主要得出以下几个观点:

第一,农民工贫困属于广义上的贫困,既包括物质贫困也包括人文贫困,是介于绝对贫困与相对贫困之间的基本贫困状态。绝大多数农民工的生活不存在饥饿问题,不会危及生命。他们的物质条件已能够满足生理上的需求,但在衣食住行方面常常会出现捉襟见肘的情况,生活很不稳定。即使农民工家庭处于贫困线上方,但还是具有很强的脆弱性,属于高风险人群,对于贫困线的变动非常敏感,家庭中的主要打工者一旦失业或者发生意外,整个家庭陷入贫困的可能性非常大。

第二,西部地区农民工与其他地区的农民工在贫困的特征上具有某些同质性。经济上,农民工群体普遍存在收支低、住房差、劳保福利不健全的现象。人文精神上,农民工群体都普遍面临来自城市的歧视和排斥,处于城市社会的最底层,缺乏生存和发展的平等机会。但是,西部地区的农民工在平均收入和社会保障方面又远远低于其他地区。目前,东部等经济发达地区已经开始将农民工纳入城市社会保障体系,但是在西部地区,政府、企业对农民工的权益保障还没有达成共识。这说明西部地区的农民工在物质上的贫困程度更深。

第三,随着市场经济的发展,导致贫困的传统历史因素会得到减轻,而失业、收入增长缓慢等因素的影响度将持续增长。农民工的贫困是因流动引起的，但是在流动的过程中，来自城市社会的各种外部因素和农民工自身的因素直接导致了农民工的贫困。目前，西部地区劳动力市场的结构性失衡带来的农民工就业困难是农民工收入低、工资支付得不到保障的重要原因。基于传统体制和观念而形成的歧视性政策则是农民工被边缘、被歧视的主导因素。

第四，农民工的贫困是一个十分复杂的问题，它不同于农村贫困，却根源于农村贫困，是农村贫困在城市的反映。它有别于城市贫困，但却发生在城市，属于工业化和城市化问题，也是城市贫困所无法回避的问题。所以，对农民工贫困问题的研究必须涉及农村和城市两个方面，减贫也必须从这两个宏观方面入手。在制定农民工社会保护政策的过程中，必须要考虑农民工的外出动机和现行的制度约束条件，选择合适的模式，真正维护农民工的合法利益。

第二节 需进一步研究的问题

一 农民工贫困线标准

贫困线不仅是衡量个人或家庭是否处于贫困状态的数量界限，也是测定贫困人口规模的重要指标。贫困线受到各地社会经济指标的影响，不同地区的贫困线各不相同。农民工贫困线是测度农民工贫困的重要指标，由于缺乏关于农民工的详细统计资料，目前国内各地区还没有制定出农民工贫困线，因而难以准确界定农民工的贫困类型，并精确估计贫困农民工的规模，从而造成关于农民工贫困研究理论的空洞和单薄。因此，制定适合各地区的农民工贫困标准线将是下一步理论研究的方向。为此，政府需要设立专门的机构，进行农民工的信息收集和管理。

二 农民工减贫政策

农民工贫困问题既属于"三农"问题，又属于工业化和城市化问题，所以，如何将农业的现代化与城市现代化统一起来，将农村减贫与城市减贫相结合也是下一步研究的方向。

三　农民工贫困的演变趋势

第一，随着社会经济发展水平的提高，农民工的贫困线将逐步提高。

第二，随着户籍制度的改革，农民工贫困将逐步纳入到城市减贫战略之中。

第三，随着收入水平的不断提高，农民工的贫困将逐步由以物质贫困为主过渡到物质贫困和人文贫困并重，但人文贫困逐步恶化的趋势。

参考文献

1. Beeghley, L. Illusion and reality in the measurement of poverty. Social Problems, 1984, 31: 322—33.
2. UNDP. Human Development Report, 1990, 1991, 1994, 1995, 1997. New York: Oxford University Press, 1997.
3. Citro, C. F., Michael, R. T.. Measuring poverty: A new approach. Washington, DC: National Academy Press, 1995.
4. Poverty in the United Kingdom. Berkeley; Los Angeles: University of California Press, 1979.
5. Datt, G. "Computational Tools for Poverty Measurement and Analysis", FCND Discussion Paper, No. 50, 1998.
6. Shaohua Chen, Martin Ravallion. China is poorer than we thought, but no less successful in the fight on poverty. World Bank Policy Research Paper 4621. 2008.
7. A. B. Garcia, and J. V Gruat. Social Protection: A Life Cycle Continuum Invest ment for Social Justice, Poverty Reduction and Development. Geneva: Social Protection Sector, 2003.
8. M. D Ercole, and A. Salvini. Towards Sustainable Development: The Role of Social Protection. OECD Social. Employment and Migration Working Paper, No. 12. Paris: OECD, 2003.
9. 彼特汤森:《英国的贫困》(*Poverty in the United Kingdom*),伦敦:阿伦·莱恩和培根图书公司1979年版。
10. 奥珊斯基(Orshansky):《如何度量贫困》(*How Poverty is Measured*),《劳动月刊》1969年第92期。
11. 阿尔柯克:《认识贫困》(*Understanding Poverty*),伦敦:麦克米伦

出版社 1993 年版。

12. 奥本海默（Oppenheim）：《贫困真相》（*Poverty: the Facts*），伦敦：儿童贫困关注小组（Child Poverty Action Group）1993 年版。
13. 保罗·萨缪尔森（Paul A. Samuelson）：《经济学》（*Economics*），人民邮电出版社 2008 年版。
14. 阿马蒂亚·森：《以自由看待发展》，中国人民大学出版社 2002 年版。
15. 阿马蒂亚·森：《贫困与饥荒》，商务印书馆 2001 年版。
16. 林亿万：《福利国家——历史比较的分析》，（中国台北）巨流图书公司 1994 年版。
17. 孙建忠：《台湾地区社会救助政策发展之研究》，（中国台北）时英出版社 1995 年版。
18. 世界银行：《1990 年世界发展报告》，中国财政经济出版社 1991 年版。
19. 世界银行：《从贫困地区到贫困人群：中国扶贫议程的演进 中国贫困和不平等问题评估》，www.worldbank.org.cn. 2009 - 3：150。
20. 莫泰基：《香港贫穷和社会保障》，（中国香港）中华书局 1993 年版。
21. 郑功成、黄黎若莲等：《中国农民工问题与社会保护》，人民出版社 2007 年版。
22. 中德合作项目办公室：《流动的贫困——中德合作——云南城市贫困研究报告》，中国社会科学出版社 2006 年版。
23. 史柏年等：《城市边缘人——进城农民工家庭及其子女问题研究》，社会科学文献出版社 2005 年版。
24. 李培林：《中国农民工的经济社会分析》，社会科学文献出版社 2003 年版。
25. 李强：《农民工与中国社会分层》，社会科学文献出版社 2004 年版。
26. 蔡昉：《2003 年：中国人口与劳动问题报告——转轨中的城市贫困问题》，社会科学文献出版社 2003 年版。
27. 王朝明：《中国转型期城镇反贫困理论与实践》，西南财经大学出版社 2004 年版。
28. 黄平、杜铭那克：《农民工反贫困——城市问题与政策导向》，社会科学文献出版社 2006 年版。
29. 叶普万：《中国城市贫困问题研究论纲》，中国社会科学出版社 2007 年版。
30. 国务院研究室课题组：《中国农民工问题研究调查报告》，中国言实出版社 2006 年版。

31. 周大鸣：《渴望生存——农民工流动的人类学考察》，中山大学出版社 2005 年版。

32. 陈端计：《构建社会主义和谐社会中的中国生存贫困问题研究》，人民出版社 2006 年版。

33. 吴明伟、吴晓等：《我国城市化背景下的流动人口聚居形态研究——以江苏省为例》，东南大学出版社 2005 年版。

34. 蔡昉：《中国流动人口问题》，社会科学文献出版社 2007 年版。

35. 李道湘等：《西部大开发与西部社会发展研究》，中央民族大学出版社 2008 年版。

36. 沙安文等：《中国地区差异的经济分析》，人民出版社 2006 年版。

37. 聂华林、李泉：《中国西部城乡关系概论》，中国社会科学出版社 2006 年版。

38. 姚慧琴、任宗哲：《中国西部经济发展报告》（2008），社会科学文献出版社 2008 年版。

39. 韦苇：《中国西部经济发展报告》（2006），社会科学文献出版社 2006 年版。

40. 尹庆双：《西部经济跨越式发展社会环境研究》，中央编译局 2005 年版。

41. 许琳：《社会保障学》，清华大学出版社 2005 年版。

42. 李珍：《社会保障理论》（第二版），中国劳动社会保障出版社 2008 年版。

43. 郑功成、黄黎若莲：《中国农民工问题与社会保护》，人民出版社 2007 年版。

44. 简新平、黄锟等：《中国工业化和城市化过程中的农民工问题研究》，人民出版社 2008 年版。

45. 张永丽、柳建平：《流动转型与发展——农村劳动力流动对流出地的影响研究》，中国社会科学出版社 2010 年版。

46. 郑功成、黄黎若莲：《中国农民工问题：理论判断与政策思路》，《中国人民大学学报》2006 年第 6 期。

47. 朱力：《农民工阶层的特征与社会地位》，《南京大学学报》（哲学·人文科学·社会科学版）2003 年第 6 期。

48. 李强：《关注转型时期的农民工问题（之三）户籍分层与农民工的社会地位》，《中国党政干部论坛》2002年第8期。
49. 李恒春：《浅谈我国农民工现象的代际转移和"发展性贫困问题"》，《北方工作》2008年第12期。
50. 唐钧：《当前中国城市贫困的形成与现状》，《中国党政干部论坛》2003年第9期。
51. 金莲：《城镇农民工贫困程度的测度》，《中共贵州省委党校学报》2007年第4期。
52. 甘满堂、王克强：《城市农民工贫困、保障问题之对策》，《中国社会报》2004年2月12日。
53. 权小虎：《西部地区农民工生存状况——对陕、甘、宁、川四省区397位农民工的调查与分析》，《陕西行政学院学报》2008年第1期。
54. 蔡昉：《农村剩余劳动力流动的制度性障碍分析——解释流动与差距同时扩大的悖论》，《经济学动态》2005年第1期。
55. 王雨林：《对农民工权利贫困问题的研究》，《青年研究》2004年第6期。
56. 廖桂蓉：《转型期中国城市农民工贫困原因探析》，《改革与战略》2008年第12期。
57. 郑功成：《中国农民工问题：理论判断与政策思路》，《中国人民大学学报》2006年第6期。
58. 叶普万、周明：《农民工贫困：一个基于托达罗模型的分析》，《管理世界》2008年第9期。
59. 樊坚：《城市化进程中的农民工贫困研究》，《云南民族大学学报》（哲学社会科学版）2007年第1期。
60. 鲁甜：《外来流动人口的贫困问题研究——以西安市为例》，西安建筑科技大学，2006年。
61. 林娜：《多维视角下的农民工贫困问题研究》，《中共福建省委党校学报》2009年第1期。
62. 周睿：《城市农民工的贫困现状、原因及对策研究》，贵州大学，2008年。
63. 关雪霞：《对目前我国农民工贫困问题的思考》，首都师范大学，2005年。
64. 马子量：《新时期城镇贫困问题演化趋势研究——城镇中农村流动人

口的贫困问题分析》，甘肃农业科技大学，2007年。

65. 李兴江、柳建平：《弱势群体形成的制度分析》，《人口与经济》2004年第1期。

66. 白云：《城市农民工心理状况研究综述》，《农村经济与科技》2007年第6期。

67. 魏秀珍：《论农民工的社会权利贫困》，《华东船舶工业学院学报》（社会科学版）2004年第9期。

68. 吴胜涛等：《农民工的人格资源与贫困归因》，中国心理卫生协会第五届学术研讨会：79—83。

69. 杨云峰：《农民工反精神贫困探析——以社会工作视角》，《社会科学战线》2007年第5期。

70. 周小刚等：《农民工进城后的反贫困经济学思考》，《农村经济》2008年第5期。

71. 胡艳辉：《农民工市民化文化排斥困境的理论探因》，《湘潮》（下半月）2008年第11期。

72. 李金滟：《城市农民工的制度性贫困》，《湖南商学院学报》2004年第6期。

73. 张晓霞：《城市农民工的公民权利边缘化及思考》，《兰州学刊》2006年第3期。

74. 朱慧涛：《结构性贫困：流动农民工的弱势处境分析》，《湖北行政学院学报》2005年第2期。

75. 刘渝琳、刘明：《农民工生活质量的现状及成因分析——来自重庆市农民工样本的调查》，《人口学刊》2009年第1期。

76. 徐振斌等：《四川农村劳动力转移、农民收入及消费调查》，《宏观经济研究》2008年第3期。

77. 赵常兴：《西部地区城镇化研究》，西北农林科技大学，2004年。

78. 韩俊、崔传义：《劳动力市场：破除对农民工的歧视政策》，中国改革论坛暨中国体改研究会：《2005年北京年会论文集》2005年第52期。

79. 于乾顺：《农民工市民化的困境及解决对策》，河海大学，2006年。

80. 王荣党：《贫困测度的三维度指标优选：主体、客体和尺度》，《云南财经大学学报》2006年第6期。

81. 王萍萍、方湖柳、李兴平：《中国贫困标准与国际贫困标准的比较》，

《中国农村经济》2006 年第 12 期。
82. 王有捐、李善同：《农民工总体特征及贫困状况调查分析》，《国研网》2006 年第 3 期。
83. 乌德亚·瓦格尔、刘亚秋：《贫困再思考：定义和衡量》，《国际社会科学杂志》（中文版）2003 年第 1 期。
84. 王维红、赵晓康：《论"贫困"统计指标体系的构建》，《统计研究》2002 年第 1 期。
85. 童星、林闵钢：《我国农村贫困标准线研究》，《中国社会科学》1993 年第 3 期。
86. 张全红、张建华：《中国农村贫困变动：1981—2005——基于不同贫困线标准和指数的对比分析》，《统计研究》2010 年第 2 期。
87. 唐钧：《中国城市居民贫困线研究》，上海社会科学院出版社 1998 年版。
88. 唐钧：《确定中国城镇贫困线方法的探讨》，《社会学研究》1997 年第 2 期。
89. 王萍萍：《中国贫困标准与国际贫困标准的比较》，《调研世界》2007 年第 1 期。
90. 刘欣：《马丁法在我国农村贫困标准研究中的应用》，《沈阳大学学报》（哲学社会科学版）2004 年。
91. 王荣党：《农村贫困线的测度与优化》，《华东经济管理》2006 年第 3 期。
92. 祝梅娟：《贫困线测算方法的最优选择》，《经济问题探索》2003 年第 6 期。
93. 赵冬媛、兰徐民：《我国测贫指标体系及其量化研究》，《中国农村经济》1994 年第 3 期。
94. 张杰：《关于建立最低生活保障线制度的探索》，《中国社会工作》1994 年第 6 期。
95. 姚金海：《基于 ELES 方法的贫困线测量》，《统计与决策》2007 年第 1 期。
96. 唐平：《中国农村贫困标准和贫困状况的初步研究》，《中国农村经济》1994 年第 6 期。
97. 刘福成：《我国农村居民贫困线的测定》，《农业经济问题》1998 年第 5 期。

98. 国家统计局宏观经济分析课题组：《低收入群体保护：一个值得关注现实问题》，《统计研究》2002 年第 12 期。

99. 韩克庆：《社会流动视域中的农民工权益保护》，《河南大学学报》（社会科学版）2009 年第 49 期。

100. 韩克庆、杨俊：《农民工社会保险缴费责任分析》，《广东社会科学》2009 年第 2 期。

101. 国家统计局：《2011 年我国农民工调查监测报告》，2012 年 4 月 27 日。

102. 周益平：《部分国家的贫困线标准确定及对中国的几点启示》，《世界农业》2010 年第 11 期。

103. 梁树广、黄继忠：《基于贫困含义及测定的演进视角看我国的贫困》，《云南财经大学学报》2011 年第 1 期。

104. 李俊俊：《我国农民工权利贫困问题的思考》，《湖北经济学院学报》（人文社会科学版）2011 年第 9 期。

105. 闫红梅：《我国农村最低生活保障线测定研究》，南京农业大学，2007 年。

106. 严翅君：《关注农民工消费方式的积极变化》，《新华日报》2007 年 9 月 3 日。

107. 刘辉、曾福生：《新农村建设时期农民工培训的理论与实践》，《湖南农业大学学报》（社会科学版）2006 年第 10 期。

108. 王祖祥、张奎：《中国基尼系数的估算研究》，《经济评论》2009 年第 3 期。

109. 占少华：《如何理解农民工的贫困》，《中国社会科学院院报》2005 年第 3 期。

110. 张雨林：《县属镇的"农民工"——吴江县的调查》，《社会学通讯》1984 年。

111. 张焕明：《农民工家庭贫困水平：模糊收入线测度及代际传递性原因》，《中国经济问题》2011 年第 6 期。

112. 骆柞炎：《利用线性支出系统 ELES 测定贫困线的实证分析》，《当代财经》2006 年第 3 期。

113. 金莲：《城镇农民工贫困程度的测度》，《中共贵州省委党校学报》2007 年第 4 期。

附 录

西部地区农民工贫困问题调查问卷

调查对象：西部地区户籍的进城务工农民
调查城市：西部地区省会城市（自治区首府）
答题方式：请在您同意的选项上打"√"，每题只选一项。画线处可自填内容。

第一部分：个人基本情况

1. 您的性别：
A. 男　　　B. 女
2. 您的族别：
A. 汉族　　　B. 其他
3. 您的年龄：
A. 18岁以下　　B. 18—25岁　　C. 26—30岁　　D. 31—35岁
E. 35岁以上
4. 您的户口所在地：_____省（自治区、直辖市）_____市_____县
5. 您的文化程度：
A. 不识字　　B. 小学　　C. 初中　　D. 高中（中专）　　E. 大专
F. 本科及以上
6. 您的婚姻状况：
A. 未婚　　B. 已婚　　C. 离异
7. 您进城务工的时间：
A. 1年以下　　B. 1年到3年　　C. 3年到5年　　D. 5年以上

8. 您家庭的主要经济来源：

A. 外出打工　　　B. 种田　　　C. 养殖　　　D. 其他

9. 您现在的居住场所是：

A. 自己租的　　　B. 单位提供的　　　C. 亲友、同乡提供的

D. 自己家的

10. 您的月收入（含加班费、津贴、奖金）情况：

A. 800 元以下　　　B. 800—1200 元　　　C. 1200—2000 元

D. 2000—4000 元　　　E. 5000 元以上

11. 您所在工作单位是：

A. 国有、集体企业　　　B. 私营企业　　　C. 三资企业

D. 机关、事业单位　　　E. 个体企业　　　F. 其他____

12. 您工作单位所属行业是：

A. 农林牧渔业　　B. 工业　　C. 建筑业　　D. 交通运输、仓储及邮电通信业

E. 批发和零售贸易、餐饮业　　　F. 金融、保险业　　　G. 房地产业

H. 社会服务业　　　I. 卫生、体育和社会福利业

J. 教育、文化艺术及广播电影电视业

13. 您进城务工的原因是：

A. 家里地少、收入低　　　B. 城市收入高，就业机会多

C. 挣钱养家，帮助子女或姊妹上学　　　D. 向往城市的生活方式

E. 出来见识世面　　F. 躲避在农村的麻烦（例如计划生育、债务等）

14. 您进城务工的渠道：

A. 由亲朋好友介绍　　　B. 参加本乡村的包工队

C. 无人帮助，自己找　　　D. 当地政府、学校有组织的劳务输出

E. 用人单位招聘　　　F. 中介机构介绍　　　G. 其他____

15. 您在进城务工和生活中遇到的主要困难（可多选）：

A. 收入低　　B. 工资拖欠　　C. 子女就学难　　D. 消费水平高

E. 工作难找　　F. 社会保障不足　　G. 权益维护困难

H. 业余生活单调　　　I. 难以真正融入城市　　　J. 其他

第二部分：实际生活状况

1. 您在城市生活的主要支出（以月为单位）：

A. 住房_____元　　　　　D. 子女抚养和教育_____元

B. 吃饭_____元　　　　　E. 社交应酬_____元

C. 看病_____元　　　　　F. 休闲娱乐_____元

2. 您家平日经常吃的食物主要是：

　A. 米饭/面食和蔬菜　　　B. 各种肉食、蛋、奶

　C. 水果　　　　　　　　D. 副食及其他补品

3. 您对生活水平的要求：

　A. 维持基本生存即可　　　B. 解决温饱问题

　C. 生活比较宽裕　　　　　D. 达到城里人的物质水准

4. 您的住房条件：

　A. 工作地的简易木板棚屋　B. 砖瓦砌的集体住房

　C. 租住水泥平顶房　　　　D. 亲戚家的单元公寓楼

5. 您住所是否有以下家用电器：

　A. 电视机　　B. 电话　　C. 电脑　　D. 冰箱

6. 您每月工资除了生活开支外的剩余情况：

　A. 较为宽裕　　B. 稍微结余，但不多　　C. 仅够支付平日花费

7. 您平均每天的工作时间：

　A. 8小时以下　B. 8至10小时　C. 10至12小时　D. 12小时以上

8. 您对所从事工作的感受：

　A. 压力大、太辛苦　B. 环境差、条件恶劣　C. 被人排挤和歧视

　D. 遇到困难时无人帮助

9. 您在闲暇时间通常：

　A. 整理家务　B. 休息睡觉　C. 去老乡或工友家玩　D. 逛街购物

　E. 看书

10. 您是否经常看新闻关心国家大事：

　A. 是　　　B. 否　　　C. 闲时看一下，忙时就不看了

11. 进入城市后，您是否能利用手机和网络进行购物、社交、信息查询：

　A. 不会用　　　B. 试着学　　　C. 刚开始用

第三部分：权益保障情况

1. 老板是否拖欠、克扣过您的工资：

　A. 经常有　　　B. 偶尔有　　　C. 没有

2. 当合法权益受到侵害时您首先选择：

A. 找亲戚朋友老乡帮忙　　　B. 向有关机构申请调解仲裁

C. 寻求法律援助　　　　　　D. 找工会组织帮助

E. 默默忍受，不求助　　　　F. 其他____

3. 您是否知道如下法律（可多选）：

A. 《中华人民共和国宪法》

B. 《中华人民共和国劳动法》

C. 《中华人民共和国工会法》

D. 《中华人民共和国妇女权益保障法》

E. 《中华人民共和国企业法》

F. 《中华人民共和国刑法》

G. 《中华人民共和国安全生产法》

H. 《中华人民共和国职业病防治法》

I. 《中华人民共和国治安管理处罚法》

J. 都不知道

4. 您是否参加了以下几种社会保险（可多选）：

A. 工伤保险　　　B. 医疗保险　　　C. 失业保险

D. 养老保险　　　E. 生育保险

5. 您认为农民工社会保障体系最需加强的是：

A. 工伤保险　　　B. 医疗保险　　　C. 失业保险

D. 养老保险　　　E. 生育保险

6. 您目前最担心的问题是：

A. 失业后找不到工作　　　　B. 无钱供孩子上学

C. 生病　　　　　　　　　　D. 受伤

7. 您生病后通常会怎么做：

A. 自己去药店买药　　　　　B. 去街头的小医院和私人诊所进行治疗

C. 上正规医院检查、治疗　　D. 病情严重时再去医院

8. 您的孩子在城市上学有没有受到过歧视或不公正对待现象：

A. 有　　　　　B. 没有　　　　　C. 说不清

9. 您通常通过哪些途径了解国家关于农民工权益保障的政策和制度：

A. 电视新闻　　　B. 报纸刊登　　　C. 咨询工友

D. 单位公布　　　E. 相关书籍　　　F. 利用网络

10. 您采取了什么措施以备将来养老（可多选）：

   A. 在老家参加农村社会养老保险   B. 在打工的单位参加养老保险

   C. 购买商业保险   D. 定期存钱养老

11. 您认为在维护合法权益方面存在的主要困难：

   A. 仲裁机构与法院的工作效率较低，诉讼等费用较高

   B. 维权需要时间，耽误工作

   C. 裁判生效没有得到执行

   D. 不知道有什么方法可以维权

   E. 侵权行为常常得不到相关部门重视与救济

12. 您近年来有没有在城市参加过人大代表或政协委员候选人的选举活动：

   A. 有   B. 没有

13. 您是否参加过所在单位的民主管理活动（如提意见、参加决策咨询讨论或工作会议等）：

   A. 经常参加   B. 偶尔参加   C. 从未参加

14. 您在打工所在城市参加了以下哪个组织或群体（可多选）：

   A. 党团组织   B. 工会   C. 职工代表大会

   D. 同乡会   E. 其他____

15. 您觉得城市应采取哪些措施来维护非户籍劳动者的权利（可多选）：

   A. 政府对企业侵权行为要严格执法，加大惩罚力度

   B. 完善有关的法律法规、政策

   C. 强化监督用人单位和雇主行为

   D. 简化维权过程，减少维权费用

   E. 进一步取消户口限制

   F. 媒体多关心劳务工的现状

   E. 其他____

16. 您认为非户籍劳动者自身加强劳动权利保护的关键是（可多选）：

   A. 增强维权意识   B. 积极加入和依靠合法的劳务工维权组织维权

   C. 积极寻求法律援助 D. 积极寻求社会支持   E. 其他____

第四部分：职业培训情况

1. 您是否具有以下等级的职业技能或技术资格证书：

A. 无　　　B. 初级　　　C. 中级　　　D. 高级

具体资格名称：_____

2. 您参加过何种劳动技能和职业培训（可多选）：

A. 没有　　B. 政府部门组织培训　　C. 企业培训　　D. 自费学习

E. 其他____

3. 您所在单位是否有以下哪些培训：

A. 没有　　　　　B. 岗前培训　　　C. 生产安全与法律法规教育

D. 专业技能培训　　E. 职业资格培训　　F. 组织参与政府培训

G. 其他____

4. 您愿意参加培训的理由（可多选）：

A. 不参加就要被淘汰　　　B. 不参加就不能升职

C. 不参加就不能涨工资　　D. 以后用得着

E. 纯属个人爱好　　　　F. 其他____

5. 您不愿意参加培训的主要原因是（可多选）：

A. 培训费太高　　　　B. 没有时间　　　　C. 单位不同意参加

D. 自己专业水平欠缺　　E. 培训对工作没有帮助　　F. 其他____

6. 您认为哪种培训方式效果更好：

A. 用人单位组织　　B. 师徒帮带　　C. 政府部门组织

D. 技校/职业学校培训　　E. 其他____

7. 您希望获得以下哪些方面的培训（可多选）：

A. 职业技能培训　　　　　　B. 法律和法规知识教育

C. 科技文化知识与创业致富经验　　D. 医疗保健知识

E. 经营管理知识　　　　　　F. 其他____

第五部分：融入城市情况

1. 您认为自己的身份是：

A. 农民　　B. 城市的打工者　　C. 城市的工人　　D. 其他____

2. 您想要交往或结婚的对象是：

A. 农村人　　B. 和自己一样的打工者　　C. 城市人　　D. 其他____

3. 您是否打算在城市买房定居：

A. 是　　　B. 否　　　C. 不知道

4. 您对未来发展的打算：

A. 回家乡务农　　　B. 季节性打工　　　C. 做小生意或创办企业

D. 继续打工　　E. 留在城里，安家落户　　F. 视情况而定

5. 您认为您自己是：

A. 城市人　　B. 农村人　　C. 半个城市人　　C. 说不清楚

6. 您是否想取得城市户口：

A. 是　　　B. 否（选否请注明原因）

7. 您认为您和城市户籍居民最大的差异在于：

A. 社会地位　　B. 收入　　C. 价值观和思维　　D. 生活习惯

E. 教育程度　　F. 职业　　G. 其他____

8. 您认为"农民工"这一称呼是：

A. 贬义词，一些反面现象的影射

B. 不是贬义词，只是对一个群体人的称谓

C. 只是个名词，不存在褒贬的问题　　　D. 其他____

9. 您对"存在对农民工的歧视"这一观点的看法

A. 同意　　　B. 不同意　　　C. 没想过

10. 您有没有因为农民工的身份受到不公平待遇的经历：

A. 经常遇到　　　B. 偶尔遇到　　　C. 没有遇到

11. 您对社区活动的参与情况是：

A. 经常参与　　B. 偶尔参与　　C. 几乎不参与　　D. 完全不感兴趣

12. 工作之余，您与城市人接触吗：

A. 适应了与城市人交往　　　B. 不喜欢与城市人接触

C. 渴望或喜欢与城市人打交道　　D. 其他____

第六部分：自我评价和未来打算

1. 您对自己目前的社会地位是否满意：

A. 很满意　B. 满意　C. 一般　D. 不满意　E. 很不满意

2. 您认为自己的收入在当地城市属于哪个层次：

A. 上层　　B. 中上层　　C. 中层　　D. 中下层　　F. 下层

3. 您对自己现在的就业岗位是否满意：

A. 很满意　B. 满意　C. 一般　D. 不满意

4. 您常年在外打工心情如何：

A. 愉悦　B. 一般　C. 孤独　D. 苦闷

5. 您打算在城里再干多长时间:

    A. 干一天算一天   B. 大概1至2年   C. 估计3至5年

    D. 可能的话一直干下去

6. 您对未来有何打算:

    A. 暂未考虑   B. 想过但不知道将来到底该怎么办

    C. 过几年回家务农   D. 学门手艺，找个好工作

    E. 留在城市安家落户

7. 在条件允许情况下您是否愿意迁移户口到居住的城市:

    A. 愿意   B. 不愿意   C. 还未想好

8. 如果家乡有乡镇企业招工，您是否愿意回去:

    A. 愿意   B. 不愿意   C. 看情况

9. 您进城打工收获最大的是:

    A. 改变了家庭经济面貌，养活了自己和家人

    B. 开阔了眼界，增长了见识

    C. 学到实用性技术，为以后更好生活创造了条件

    D. 增强了社会适应和竞争能力

10. 您是否认同进城务工可以改变一个人乃至整个家庭的命运:

    A. 认同   B. 不太认同   C. 不认同

11. 您认为农民工的知识水平和劳动技能是否需要进一步提高:

    A. 需要   B. 不需要提高   C. 可提高，也可不提高

12. 您是否认为由农民向农民工身份的转变对国民素质的提高和农村经济发展和制度革新产生巨大影响:

    A. 是   B. 否   C. 还不明显，待定

13. 您是否认为国家今后能够出台一系列将农民工向市民转化的照顾政策:

    A. 能   B. 不能   C. 说不清楚

14. 您对农民工就业需求的发展趋势的预测是:

    A. 继续增加   B. 逐步减少   C. 基本稳定   D. 很难判断

15. 您对自己的未来发展前景如何认识:

    A. 前途渺茫，得过且过   B. 目标明确，奋力拼搏

    C. 听天由命，顺其自然

后 记

书稿付梓之际，理应如释重负，满怀喜悦，但此时的真实感受却是更加忐忑，甚至沉重。

书稿是在我主持的教育部人文社会科学研究项目《西部地区农民工贫困问题研究》的基础上扩展而成。从课题立项到结题，历时四年多，数易其稿。虽然我们在设计调查问卷、拟定研究框架到形成初步结论，力求能全方位反映西部地区农民工贫困的真实图景，但书中的观点和结论能否经得起现实和历史的双重检验，不时困惑着我们，这也许就是我们忐忑和沉重的缘由。其一，理论上的困惑。因为在规范经济学范畴内，不存在农民工这一群体，因此我们很难用规范经济学的一系列分析方法和理论对此进行分析。其二，现实上的困惑，即二元经济体制下农民工贫困的界定。在二元经济体制下，农民工是一个特殊群体，他们在身份上属于农民，但在职业上属于工人。可以说，农民工是农村中的精英，不论是物质层面还是精神层面，以他们目前的境况，他们当中的绝大多数都不属于农村减贫的范畴，但是如果以他们所工作的城市而言，从城市贫困的各项指标来看，他们当中的相当一部分属于贫困群体。问题的症结在于，他们的特殊身份决定他们既不属于农村减贫的范畴，同时也被排除在城市减贫的范畴，因此对农民工减贫的范畴及政策有许多地方难以界定。其三，研究文献的匮乏。有关农民工贫困尤其是西部地区农民工贫困的文献极其匮乏，严重制约了我们研究的视野和深度。略感欣慰的是，我们研究的某些观点和结论与中央《关于进一步推进户籍制度改革的意见》有许多地方相吻合。当然，这并不是我们有多少先见之明，而是历史和逻辑演进规律使然。

在此需要感谢的是我指导的陕西师范大学政治经济学院马克思主义专业"减贫与区域经济发展"研究方向的几届研究生，他们的学位论文几乎都是围绕贫困问题展开研究。因此，书中的许多灵感或某些观点和结论直接或间接缘于他们的研究成果，如郭旭的《西部地区农民工贫困问题研究》，贾慧咏的《中国农村妇女贫困问题研究》，高健琼的《退耕还林与减贫问题研究》，敖然的《内蒙古自治区少数民族贫困问题研究》，袁月的《陕南地区移民搬迁与减贫问题研究》，陈欢的《西部地区农民工贫困线问题研究》等。当然，在此特别需要感谢的还有李志学同学、李媛同学，书中的许多图标和统计数据分析都是由他们完成的。

在此还需特别感谢西北大学公共管理学院的周明教授，作为多年的朋友和学术合作伙伴，我们先后在《管理世界》、《人文杂志》等期刊合作发表了若干篇有关农民工贫困的学术论文，受到学术界的一定关注，因此本书也凝结了他的不少真知灼见和心血。

当然，在我学术成长的道路上，还要感谢许多值得敬重的良师益友。他们分别是：西安交通大学经济与金融学院院长冯根福教授、西北大学经济管理学院前院长白永秀教授、陕西师范大学政治经济学院前院长王振亚教授、中国社会科学院《经济学动态》编辑部的陈建青先生等。

最后还需感谢的是中国社会科学出版社的郭晓鸿女士，她以其高度的敬业精神，最大限度地减少了书中的瑕疵。

中秋之夜，原本应该皓月当空，诗情画意，但落笔之际，古城西安却淅淅沥沥，阴雨绵绵，好在心中的月亮早已徐徐升起。

叶普万

2014年中秋之夜于西安